건강을 챙기는 약선음식으로 아픔까지 치료하는 요리

# 퓨전약선음식

대한민국 국가공인 '우수 숙련기술자' **최창업 지음**

지식인

## 저자약력


### 최창업

- 1986년 우리나라 패밀리레스토랑의 선두주자 'Tomorrow Tiger' 조리 시작
- Ramada Olympia Hotel, Yousung Hotel 등 근무
- ㈜Yousung Food Service 조리이사 현 근무
- 대한민국 국가공인 '2018 우수 숙련기술자' 선정
- 수박냉면 외 특허 20종
- (사)한국조리사협회 대전지회 부회장
- 조리기술심사위원
- 기능사 실기자격감독위원
- 약선식품전문가
- International Food Fair Korea 2012. 수상
- International Seafood Cooking Contest 2015. 수상 외 Wace(세계조리사협회인증요리대회) 다수 수상
- 요리가 주는 확실한 행복 (저서)
- 한국 약선음식 재료의 항산화 및 면역강화 기능성 비교연구와 이를 이용한 한식상차림 메뉴개발 (공저)
- 저염미식서 (공저)
- 감태향 가득한 건강레시피 (공저)


# 퓨전약선음식


2019년 11월 25일 초판 1쇄 인쇄
2019년 11월 29일 초판 1쇄 발행

지은이 | 최창업
펴낸이 | 김종욱 · 명사동
펴낸곳 | 지식인
등 록 | 제301-2013-134호
주 소 | 서울시 도봉구 도봉로 180길 20 투웨니퍼스트 102동 602호
전 화 | 02)2266-8606 (대)
팩 스 | 02)2266-8607
이메일 | jisikin2013@naver.com
홈페이지 | www.jisikinbook.co.kr

ISBN 979-11-88105-49-6 (93590)

값 20,000원

휴전약선음식

# 퓨전약선음식을 내면서…

약[약, 藥]선[반찬, 膳]은 약용가치가 높은 재료를 잘 배합하여 조리한 음식을 말한다. 많은 사람이 '약선'이라고 하면, 의문점과 생소하게 받아들일 수 있다. 그러나 '약식동원'은 그 뜻대로 "약과 음식의 근원"이다. 필자는 모든 음식을 '약이 되는 보약'이라고 편히 정의하고, '과유불급(過猶不及)'하지 않으면 약이 되리라 생각한다.

우리의 한식은 근본적으로 밥을 중심으로 하여 상 하나에 여러 음식을 담아 수저와 젓가락을 사용하여 식사하는 '공간전개형'이다. 필자는 이러한 틀을 벗어나 서양식의 '시간전개형'으로 봄(파란), 여름(빨간), 가을(흰색), 겨울(검정) 사계절의 제철 식재료를 사용하여 ① 죽, 물김치, ② 냉채(샐러드), ③ 전, ④ 구이, ⑤ 식사(밥 또는 면류)와 3찬, ⑥ 후식(음청류) 순으로, 많은 시행착오를 겪으며 연구 개발하여 얻은 레시피(특허 일부)를 '퓨전 약선 메뉴'로 구성하였다. 이 책이 보다 많은 분들에게 약선요리의 이해와 우리 한식 트렌드의 변화에 많은 도움이 되었으면 한다.

끝으로, 하나님의 은혜로 집필을 마무리했음을 감사드리고, 책이 나오기까지 부족한 저에게 많은 도움을 주신 유성호텔 김영문 회장님과 소설가 최성배 스승님, (사)한국조리사협회 박병식 대전지회장님, 우송대 글로벌한식조리학과 안명화 교수님, 그리고 유성호텔 조리팀 직원을 비롯한 임현정 영양사님, 박진희 님께도 감사드린다.

이론편



실기편

이론편

## 1. 약선의 개념과 이해

### 1 약선의 정의

약선(藥膳)이란, "동양의학의 원리를 기본으로 치료학, 영양학, 위생학 그리고 조리학 등의 상관지식들을 결합하여 '약식동원(藥食同源)', '의식동원(醫食同源)'의 원칙에 따라 식물과 약물의 효능을 충분히 발휘하면서 미(味), 형(形), 색(色), 향(香), 질(質), 명(皿) 등 음식의 조건이 충족되도록 조리하여, 질병을 치료하고 예방하며 신체를 튼튼하게 하고 무병장수의 목적을 달성할 수 있도록 연구하는 학문"을 말한다.

### 2 약선의 유래

약선(藥膳)의 '약(藥)'자와 '선(膳)'자는 신석기시대와 청동기시대의 유물에서는 각자 따로 발견된다. 원시시대에는 생존과 번식을 위해 대자연과 투쟁하면서 식물자원 문제를 해결했을 뿐만 아니라, 발전 과정 중에 약물을 발견하고 건강을 유지하며 질병을 해결하는 지식을 습득했을 것으로 추측된다. 이 시기에는 약물과 식물의 구분이 없었기 때문에 '약식동원(藥食同源)'의 설(說)이 나온 것으로 보인다.

상나라 재상 이윤의 아버지는 당시 유명한 요리사였는데, 이윤의 부친이 조리기술에 능통했기에 질병을 치료하는 데에도 음식을 응용했으며 처음으로 탕제를 만들었다고 전한다. 현대에 와서 부르고 있는 용어는 1982년 중국의 옹유건 교수가 이 약선(藥膳)이라는 단어를 사용하면서 널리 퍼지게 되었다.

### 3 약선학(藥膳學)의 전망

① 위생학의 발달시기 : 채소에 인분 사용을 억제하며 물은 끓여서 먹고, 학교에서 구충제를 보급하며 의복을 청결하게 하도록 홍보하여 국민보건 위생에 많은 노력을 하였다.

② 영양학의 발달시기 : 1970년대의 영양학은 고열량, 고단백, 고지방 등 신체의 골격을 튼튼하게 하고 살을 찌우는 성장발육 위주의 학문으로, 신장을 크게 하고 신체를 건장하게

하는 데에는 일정한 부분을 공헌했으나, 현대에 와서는 많은 부작용을 만들고 있다.

③ 조리학의 발달시기 : 1990년대 후반 국제교류가 활발하게 되고 생활이 윤택해지면서, 여유가 생기고 식도락이 유행하면서 조리학이 새롭게 대두되기 시작했다.

④ 웰빙시대의 대두 : 위생학, 영양학, 조리학의 획기적인 발전으로 인해 인간의 수명이 늘어나고 신체가 커지는 등 여러 가지 발전을 해왔으나, 새롭게 나타나는 현대 성인병으로 인한 피해 또한 무시할 수 없는 상황에 직면하면서 웰빙이 각광받기 시작했다.

## 4 한국요리와 약선

동양의학에서는 동양철학의 기본이 되는 '음양오행학설(陰陽五行學說)'을 응용하여 인체의 균형을 맞춘다.

음양(陰陽)이란, 막연한 의미처럼 들리지만 사회현상이나 인체의 안정을 유지하는 총체적인 표현으로 인체의 정상 생리활동을 할 수 있는 조건이 된다. 그러므로 음양의 균형을 유지한다는 것은 건강한 몸 상태를 유지하는 것을 말한다. 따라서 우리는 평소에 건강관리를 잘하여 부족한 부분은 채우고 넘치는 부분은 줄여 균형을 맞추어 준다면 건강하고 행복한 삶을 누릴 수 있다. 이와 같이 건강관리를 위해서는 약선(藥膳)이 가장 편리하고 효과가 좋은 방법이라 할 수 있다.

## 2. 약선의 특징과 조리

### 1 약선의 특징

약선(藥膳)은 첫째로 제철에 나는 음식을 활용한다. 이는 봄, 여름, 가을, 겨울에 나는 음식들이 각 계절마다 우리 몸이 꼭 필요로 하는 영양소를 가지고 있기 때문이다.

제철음식은 몸의 면역기능을 향상시켜 외부에 대한 저항력을 높여주고 질병을 미리 예방하거나 치료하는 효능을 가지고 있다. 건강한 제철음식을 기본으로 하고, 여기에 각자의 체질과 증상을 구분하여 몸에 맞는 한약재를 배합하여 응용하면 훌륭한 약선요리(藥膳料理)가 된다. 이 요리는 다음과 같은 특징이 있다.

① 모든 것이 유기적으로 연계된 하나의 통일체이다. 각각의 부분이 상호의존적·협조적인 관계로 음식과 몸이 조화되는, 인간과 자연이 조화를 이루며 생성·변화되어가는 통일된 존재이다.

② 음양의 조화와 균형을 중시한다.

③ 음식은 약과 그 뿌리가 같다.

④ 약선은 개인별 맞춤식이다.

⑤ 위의 건강한 소화기능[胃氣]은 효과적인 약선 이용의 전제조건이다.

⑥ 음식도 궁합이 중요하다(예 : 생선, 새우, 게-생강, 파, 술/ 부추-돼지고기).

### 2 약선의 조리 특징

① 매일 먹는 음식과는 달리 일반음식이 가지고 있는 색, 향, 맛, 형태 이외에도 건강증진, 질병의 예방과 치료, 미용, 보건, 장수 등의 효과를 갖추어야 하므로 재료의 선택과 조리 방법에서 특수성을 가진다.

② 약선은 한약재가 포함되는 경우가 있으므로, 원료의 준비과정이나 조리과정 중에서 약재의 유효성분의 손실을 가능한 줄여 약효가 더욱 잘 발휘될 수 있도록 한다.

③ 전통적인 방법으로는 중탕, 끓이기, 찜 등이 있으며, 가열과정 중 약재의 유효성분을 최대한 용출시켜 치료효과를 증강시키도록 한다.

이 약선의 조리 시에는 화학성분이 포함된 합성조미료를 사용하지 않고 천연조미료를 이용하여 맛을 내도록 하였으며, 약선요리인 만큼 건강을 고려하여 저염식 기준에 맞추어 조리한 후 국, 찌개류의 염도를 측정하는데, 염도의 기준은 0.7~0.8%가 적절하다. 또한 튀김보다는 찜을 선택하는 등 저열량 조리법을 선택한다.

## 3. 사계절 기후의 특징과 약선

### 1 봄

봄[春]은 24절기에서 입춘, 우수, 경칩, 춘분, 청명, 곡우에 해당한다. 기후 특징은 따뜻하고 온화하며 온도와 습도가 일정하여, 대지는 자연계의 양기가 생성되고 발전하기 시작하며 만물이 소생하고 생기가 왕성해진다.

동양의학에서는 봄에 기(氣)가 허하여 발생하는 풍기(風氣)가 주를 이루는데, 질병을 일으키는 원인이 되는 풍사(風邪)는 단독으로 병을 일으키기도 하고, 다른 병을 일으키는 요인인 사기(邪氣)와 함께 병을 일으키기도 한다. 풍사의 특징은 첫째, 인체의 상부를 상하게 한다. 예를 들면, 감기에 걸렸을 때 두통, 코막힘, 코흘림, 인후가 가렵고 통증이 나타나는 증상이다. 둘째, 병변의 범위가 넓다. 즉 풍사는 잘 이동하고 자주 변하는 특성이 있어 상하좌우로 돌아다니며 병을 일으킨다. 겉에서는 땀구멍이나 피부근육에서 경맥증이나 위로는 목이나 이마까지 도달하고, 아래로는 허리와 무릎, 발목으로 돌아다니며 병변을 일으킨다. 셋째, 근육경련이나 떨리는 증상 또는 몸이 경직되는 등의 증상이 나타난다. 넷째, 다른 사기와 쉽게 결합하여 인체를 침범한다.

예를 들면, 늦여름에 습사(濕邪)와 결합해 비장을 공격하고 소화불량이나 복창, 복통설사를 일으키며, 또한 열사(熱邪)나 한사(寒邪)와 결합하여 '풍한감기', '풍열감기'를 일으키고, 풍한습 또는 풍열습으로 관절염을 일으키며, 담(痰)과 결합하여 풍담(風痰)을 만들어 각종 병을 일으킨다.

**【봄에 맞는 음식】**

① 노년기에는 성질이 평하고 기름지지 않고 소화가 쉬운 음식이 좋으며, 열을 내리면서 음을 보하는 작용이 있는 배, 백합, 연근, 올방게, 자라 등이 좋다.

② 병중이거나 병후 회복기에 있는 사람들은 소화하기 쉬운 음식을 제공하는데 쌀죽, 율무죽, 팥죽, 연자죽 등이 좋고, 너무 달거나 기름에 튀긴 음식, 기름진 음식, 찬 음식 등은

소화가 어렵고 소화기를 손상시키므로 좋지 않다.

③ 봄에는 어지럽고 두통, 불면증 등이 쉽게 나타날 수 있는데, 이런 증상은 고혈압 환자에게 많이 나타나며 배, 바나나, 귤, 녹두, 땅콩, 미나리, 셀러리 등이 좋다.

④ 당뇨나 심혈관질환이 있는 사람은 청량하고 신선한 음식이 좋은데, 배, 연근, 비름나물, 백합, 청경채 등이 좋고, 기름에 튀긴 음식이나 기름진 음식, 너무 단음식은 피해야 한다.

## 2 여름

여름은 24절기로는 입하, 소만, 망종, 하지, 소서, 대서이며, 기후의 특징으로는 심한 더위와 만물이 무성한 계절이다. 인체의 생리적 특징으로는 기혈운행이 왕성한 계절이다. 외부의 기후는 덥고, 습진 두 가지 기운이 주가 되며 뜨거운 기운이 겸하여 있다. 기후가 급변하거나 저항력이 저하되면 병을 일으키는데, 일반적으로 더위는 성질이 뜨거워 쉽게 위로 올라가며 밖으로 퍼져 기운을 없애고 진액을 손상시킨다.

따라서 심한 더위가 일으키는 병은 비교적 빠르게 인체를 손상시키는 특징이 있다. 발병 초기에는 더위가 서서히 폐위(肺衛)를 침범하거나 소화기를 침범하고(더위를 먹었다고 표현함) 진액과 기운이 많이 소모되면 원기를 손상시킨다. 또한 늦은 여름철에는 비교적 비가 많이 내려, 날씨는 덥고 땅에 습(濕)이 많아 후텁지근한 날씨가 많아지면서 병에 습열(濕熱)을 동반한 질병이 발생된다. 습사(濕邪)는 음사(陰邪)로 성질이 무겁고 탁하며 끈적거리고 소통이 잘 안 되어 기(氣)의 활동을 정체시키며 양기를 손상시킨다. 또한 비장의 운화기능을 손상시켜 수습이 정체되어 혈액 중의 수분이 대량으로 이동하는 수종(水腫)을 일으키기도 한다.

【여름에 맞는 음식】

① 신맛 나는 음식을 적당하게 먹어야 한다 : 여름철에는 땀을 많이 흘려 진액이 손상되기 쉽다. 따라서 신맛의 식품을 많이 먹으면 수렴 작용이 있어 진액의 유실을 예방하고 설사를 멈추게 하며 습(濕)을 제거하는 효과가 있다. 또한 땀으로 인한 기음의 손실을 막고 갈증을 풀어주며 건위 작용이 있어 소화를 돕는다. 그리고 음식에 식초를 넣으면 살균소독이 되고 위(胃)나 장(腸)에 발생하는 질병을 예방한다.

② 쓴맛의 음식을 적당하게 먹어야 한다 : 쓴맛은 항균소염 작용과 열을 없애는 작용이 있으며, 정신을 맑게 하고 피로를 풀어주는 효과가 있다. 따라서 여름철에 적당하게 먹어주는 것이 좋다.

③ 몸관리를 잘하는 사람들은 여름철에는 아침저녁으로 죽을 먹는 것이 좋다 : 죽은 진액을 만들고 갈증을 없애며 더위를 식혀주고 신체를 보양한다. 예를 들면, 팥죽은 신장을 보(補)하고 물마시기를 원활하게 하며, 수종을 없애고 각기병을 치료하는 효과가 있어 신장의 기능이 약한 사람에게 좋다.

④ 여름철에는 일반적으로 날씨가 더워 땀구멍이 열려있어 땀을 많이 흘리고 때때로 갈증이 나서 냉수를 많이 마셔 열을 내리고 수분을 보충하는 등의 작용을 한다. 동양의학의 양생가들은 인식하기를 여름철에는 외부에 양기가 충만해 있고 음시는 내부에 잠복해 있어 위액 분비가 적어지고 소화의 기능이 저하되어 찬 음식을 많이 먹거나 폭식을 하는 것은 좋지 않다. 폭식이나 찬 음식을 많이 먹으면 복통설사나 위 또는 장질환을 일으킨다. 폭식이나 찬 음식을 많이 먹으면 복통설사나 위 또는 장질환을 일으킨다. 따라서 맑고 담백한 음식이 좋으며 채소나 과일류를 많이 먹어야 한다.

## 3 가을

가을은 입추, 처서, 백로, 추분, 한로, 상강의 6개 절기를 말하며, 기후의 특징으로는 건조하고 기운은 맑고 청량하다. 무더운 여름을 보내고 시원한 바람이 불어 정신이 맑고 활동이 편하지만, 외부의 기운은 계속해서 수축되고 공기 중의 수분은 점점 결핍되어 쌀쌀한 기후가 되어 코와 입이 건조하고 갈증이 많이 나며, 피부가 건조해지고 심하면 대변이 건조해지는 등의 증상이 나타난다. 초가을의 기운은 여름의 무더운 기운을 담고 있어 쌀쌀한 작용이 강렬하며 온조(溫燥)라고 하고, 늦가을은 한랭한 겨울과 근접하여 한기가 많아 냉조(冷燥)라고 한다.

**【가을에 맞는 음식】**

① 가을에는 음기를 기르고 마른 것을 적셔주는[滋陰潤燥] 약선으로 보(補)한다 : 가을은 기후가 건조하여 조사가 쉽게 폐를 상하게 하여, 코와 입이 건조하고 인후가 마르며 피부

가 건조하고 심하면 갈라지기도 한다. 이것은 조사가 인체의 진액을 상하게 하여 나타나는 현상이다. 또한 낙엽이 떨어져도 정서적으로 슬픔이나 우울증이 나타나기가 쉽다. 따라서 슬픔이 지나치면 폐를 상하게 하는데, 폐를 보하여 예방한다. 폐(肺)를 보(補)하는 식물로는 백합, 율무, 산약, 호도, 검실, 배, 연근, 해삼, 돼지껍질, 깨, 꿀, 과일, 녹색채소 등 부드럽고 수분이 많은 식품이 좋은데, 인체에 충분한 수분을 제공하고 폐음을 보하여 건조한 증상을 막는다.

② 매운맛은 적게 먹고, 신맛은 많이 먹는다 : 폐(肺)는 오행에서 금(金)에 속하고 가을의 기운과 통하며 폐기는 가을에 강해진다. 매운맛은 폐로 들어가므로 매운맛을 많이 먹으면 폐기(肺氣)가 지나칠 염려가 있다. 또한 금극목(金克木)에 의해 폐기가 지나칠 경우 간(肝)을 상하게 하므로 간으로 들어가는 신맛을 많이 먹어 보호해야 한다. 또한 매운맛은 발산작용이 있어 신체를 건조하게 한다.

③ 아침저녁으로 죽을 먹는다 : 양생가들은 가을에는 아침저녁으로 죽을 먹는 것이 좋다. 초가을 절기에는 습열(濕熱)이 교대로 올라와 비위를 손상시키고 저항력을 저하시킨다. 따라서 따듯한 온식(溫食)이 좋은데, 쌀이나 찹쌀은 비위(脾胃)를 튼튼하게 하고 원기를 북돋우는 효능이 있으며 죽을 만드는 주식이므로 죽을 먹는 것이 좋다.

④ 쌀쌀한 가을에는 먼저 비위를 조절하여 튼튼하게 한다 : 기온이 점점 내려가면 사람들은 습관적으로 보(補)해야 한다는 생각을 하게 된다. 무더운 여름을 보내면서 체력 소모가 많고 식욕은 저하되어 약해진 체력을 가을에 보하는 것은 당연한 일이다. 그러나 가을에 몸을 보하기 위해 인삼, 녹용을 비롯한 육류를 많이 먹어 보하는 방법은 건강에 도움이 되지 못할 뿐만 아니라 돈만 낭비하고 심지어 건강을 해치는 경우도 발생한다.

## 4 겨울

겨울은 입동, 소설, 대설, 동지, 소한, 대한을 말하며 기후의 특징은 한랭하다. 겨울은 만물이 잠복하고 저장되는 계절이며, 사람들은 상대적으로 활동이 적으며 밤이 길고 낮이 짧아 일찍 자고 일찍 일어난다. 주로 찬공기로 인한 질병이 많으며, 인체는 양기가 수장되고 기혈이 안으로 들어가며 피부가 치밀하고 수습이 몸 밖으로 나오지 못하고 신장과 방광의 기화작용에 의해 일부분의 진액이 전신으로 퍼져 나가며 대부분의 수분은 방광에 모여 요액(尿液)이 된다. 따라서 신장의 부담이 커지는 계절로 신장염, 신우신염, 유뇨, 요실금, 수종 등의 병이 많이 발생된다. 또한 저항력이 약해져 심, 위, 폐 등의 장기 기능이 약해지며 기관지염, 위통, 심근경색 등의 병이 나타나고 감기, 관절염, 기침, 고혈압 등의 병도 가중된다.

겨울철은 기후가 차서 열량을 쉽게 소모할 수 있는 장점이 있다. 따라서 겨울철에 다이어트를 하면 효과적이다. 또한 겨울철은 비타민 결핍이 일어나기 쉬운 계절이므로, 결핍되지 않도록 식생활에 주의해야 한다.

【겨울에 맞는 음식】

① 겨울철은 영양을 보충하고 열량을 저장하는 약선(藥膳)이 좋다 : 인체의 생리활동은 열량에 의해 이루어진다. 동양의학에서 겨울에는 인체의 양기가 안으로 숨어들며 인체의 생리활동이 약해지기 때문에, 일정한 열량을 체내에 저장하여 다가오는 봄과 여름을 준비해야 한다. 또한 겨울철에는 열량을 많이 소모하므로 충분한 열량을 섭취해야 면역력이 높아진다. 겨울철에 좋은 음식으로는 양고기, 개고기, 거위, 오리, 호두, 밤, 고구마, 무 등이며 인체의 양기를 따듯하게 보하는 식물이 좋다.

② 겨울에는 짠맛을 적게 먹고 쓴맛을 많이 먹어야 한다 : 겨울에는 신장의 경락이 왕성한 계절로, 짠맛은 신장으로 들어가고 쓴맛은 심장으로 들어가는데, 오행 상 수극화(水克火)하므로 신장의 수(水)가 심장의 화(火)를 올린다. 만약 겨울철에 짠맛을 많이 먹으면 신장의 수기가 항진되어 마음의 양기 역량을 약하게 만든다. 따라서 쓴맛을 많이 먹어 신장의 수기가 항진되지 않도록 해야 한다.

③ 노인들은 겨울철에 몸을 보해야 한다 : 사람은 하늘과 상응하고 땅과 합일하므로 인체는 소우주라고 한다. 따라서 일 년 사계절 중에서 봄에는 태어나고, 여름에 자라며, 가을에 수확하고, 겨울에 저장하는 자연규율처럼 겨울에는 양기가 안으로 잠행하여 정기를 보하고 모으는데 적합한 계절로 여긴다. 노인들은 인체기능이 퇴화되고 저항 능력이 떨어지는 등의 현상이 많이 나타나는데, 추운겨울에 보하는 것이 가장 적합하다. 보(補)한다는 것은 영양 상태를 개선하고 면역 기능을 증가시키며 병후 회복을 촉진시키는 것을 말

한다. 동양의학에서는 겨울철을 보하는 계절이라고 한다. 겨울철은 질병을 예방하고 신체를 튼튼하게 하는 시기로 중요하게 여기는데, 이 동양의학에서는 질병을 인지하고 치료의 원칙에 의해 각자 신체상황을 고려하여 기허, 혈허, 음허, 양허에 따라 보하는 방법을 선택해야 효과적이라 말하고 있다.

## 4. 노화예방과 면역강화

### 1 노화예방

노화(老化)란, 세포가 산화된다는 곧 세포가 노화된다는 것을 뜻하며 질병에 걸릴 가능성이 더욱 커졌음을 의미한다. 우리가 호흡할 때 몸에 들어온 산소는 체내에서 각종 대사작용에 관여하는데, 이 과정에서 활성산소가 발생한다. 활성산소는 산소가 불안정한 상태에 있는 것으로, 이것이 과도하면  인체에 해를 끼친다. 세포의 DNA 손상을 초래하고 건강유지에 필수적인 각종 효소작용을 저해하거나 차단함으로써 동맥경화나 뇌혈관질환, 노화와 발암 등을 일으킨다. '산화', '노화방지'라는 표현과 함께 빠지지 않고 등장하는 개념이다.

우리가 나이들어서도 젊고 건강하게 살려면 체내에서 '항산화작용'을 하는 '항산화물질'이나 '항산화식품'을 섭취해야 한다고 말하는데, 항산화를 알려면 먼저 산화를 알아야 한다. 이 산화란 쉽게 말해서 물질이 산소와 접촉하면서 일어나는 화학 변화를 뜻한다. 예를 들어, 사과를 먹다가 남겼을 때 산소와 만나 갈변하는 것과, 쇠가 녹스는 현상 등은 우리가 일상에서 볼 수 있는 대표적인 산화라 할 수 있다. 식품이 산화되면 대개 풍미가 손상되고 때에 따라 독성물질이 생성되어, 건강유지에 필수적인 각종 효소작용을 저해하거나 차단함으로써 동맥경화나 뇌혈관질환, 노화와 발암 등을 일으킨다.

항산화란, 과도한 활성산소를 제거하여 세포의 산화와 노화를 막는다. 이를 위해 우리는 항산화물질을 충분히 공급하고 활성산소 증가 요인을 없애는 것이 중요하다. 이 항산화물질은 산화를 방지하는 기능을 지닌 물질을 두루 가리키는 말로, 폴리페놀(Polyphenol), 비타민 C, 비타민 E, β-카로틴 등 현재까지 500여종이 밝혀졌다. 베타카로틴, 라이코펜, 루테인 등 카로테노이드류, 안토시아닌, 카테킨, 레스베라트롤, 프로안토시아닌 등 플라보노이드류, 제니스테인, 다이드제인 등 이소플라본류, 비타민, 미네랄로 나눌 수 있다.

항산화물질이 많은 식품으로는 아로니아, 블루베리, 아사이베리, 녹차, 올리브유, 홍삼, 포도주, 아몬드 등이 있는데, 경우에 따라 몸에 해로울 수도 있으므로 너무 많이 섭취하지 않도록 주의한다.

## 2 면역강화

면역력이란, NK세포를 활성화시켜 외부에서 들어온 병원균에 저항하는 힘으로, 면역이 제 기능을 다하지 못하면 감기나 암, 그 외 질환에 걸리기가 쉽다.

약선(藥膳)에서는 재료가 지닌 색과 맛, 성질로 약성을 구분하지만, 면역력 강화를 위해서는 재료가 지니고 있는 영양소와 생리활성 성분들이 중요한 요소로 작용한다는 것을 강조하고 싶다. 예를 들면, 버섯에 있는 다당류 성분인 베타글루칸(β-glucan) 성분은 정상적인 세포조직의 면역기능을 활성화시켜 암세포의 증식 및 재발을 방지하는 효과가 있으며, 재래식 된장과 청국장에는 핵산이 풍부하게 들어있어 백혈구의 양을 증가시키는 효과가 있어 면역력을 높여주며 혈관에 쌓인 혈액찌꺼기(혈전)를 분해하고 암세포의 발생과 성장을 억제한다. 토마토와 당근은 비타민과 철분, 칼륨, 식이섬유가 골고루 들어 있는 대표적인 알칼리성 식품으로, 감기를 비롯한 각종 질병에 대한 저항력을 길러준다.

이렇듯 약선요리는 각 식재료의 성미와 효능, 영양학적인 생리활성 성분과 약재의 효능까지를 조합하여 만들어야 한다.

현대인들은 환경오염, 스트레스 등으로 인하여 면역력이 계속해서 저하되고 있다. 면역력 저하로 인해 각종 질병에 노출되고 감기, 폐렴, 기관지염, 담낭염, 방광염 등에 걸릴 가능성이 높아지고 천식과 아토피 등 알레르기질환, 궤양성대장염, 류머티즘 등 자기면역질환에도 노출될 위험이 있으며 암 발생률도 높아진다. 평소 실생활 속에서 바르게 먹고, 잠자고, 숨 쉬는 방법을 알고 실천하면 면역력이 저절로 강해진다.

이제부터 노화예방과 면역력을 높이는 우리 몸을 건강하게 만들 수 있는 음식을 소개한다.

실기편

# 노화예방

春

夏

秋

冬

# 홍합시래기죽

간과 신장을 튼튼하게 하며 열을 내려준다.
또한 가슴이 원활하게 소통되고 소화가 잘되도록 한다.

## 재료

백미 60g  
불린 시래기 20g  
무 2g  
참기름 0.4g  
홍합살 40g  
생수 450g  
다시마 0.8g  
소금 1.2g

## 준비

- 백미는 2~3번 씻은 후 30분 동안 물에 불리고, 채반에 건져 물기를 제거한다.
- 생수, 무, 다시마를 넣고 10분 동안 끓이다가 홍합살을 1/2 등분하여 넣고 더 끓여 거즈에 거른 후, 홍합육수를 준비한다.

## 조리

1. 거른 홍합살과 시래기는 씻은 백미와 참기름에 2~3분 동안 볶다가 홍합육수를 넣고 끓인다.
2. 떠오르는 거품과 이물질을 걷어내고 15~20분 동안 더 끓인다.
3. 소금으로 간을 하여 완성한다.

### 알 아 두 기

홍합은 5월부터 10월까지 독소 삭시토신과 고니옥톡신이 들어 있어 섭취하지 않는 게 좋다.

# 알로에초김치

春

어지럼증, 두통, 가슴이 답답한 증상에 좋으며 찬 성질 때문에 열을 내리는 데에 좋다. 알로에즙은 화상이나 가려운데 효과가 있다.

## 재료

알로에 35g
생수 150g
파인애플 10g
양파청 10g
청양고추 5g
레몬 2g
식초 6g
마늘 2g
생강 0.6g
통깨 0.3g
소금 4g

## 준비

- 알로에 살을 도려내어 0.3×5cm 길이로 채 썰어 소금에 절인다.
- 파인애플, 레몬, 청양고추를 믹서에 곱게 간 후 거즈에 거른다.
- 마늘즙, 생강즙, 파인애플, 레몬, 청양고추, 식초, 양파청, 소금를 넣고 섞어 양념장을 만든다.

## 조리

1. 소금에 절인 알로에를 물에 헹구어 채반에 놓고 물기를 제거한다.
2. 양념장, 알로에, 생수와 함께 혼합하여 간을 한 후 통깨를 고명으로 띄워 완성한다.

**알 아 두 기**

알로에는 초김치로 1~2일 후에 맛이 빠르게 변하므로 단시간 내에 섭취해야 한다.

분죽순냉채
春

몸에 열이 많은 사람, 혈중 콜레스테롤을 떨어뜨리는 데에 효과가 있으며, 고혈압 및 변비예방에 좋다.

## 재료

죽순 35g
소고기등심 20g
호두 4g
홍실고추 0.3g
레몬즙 3g
배 2g
요구르트 3g
흑임자 0.5g
참기름 0.3g
식용유 0.8g
소금 0.7g
후추 0.01g

## 준비

- 손질한 죽순은 1/2로 자른 후 쌀뜨물에 하루 동안 재워 15~20분 정도 삶는다.
- 소고기는 0.4×0.4×5cm 크기로 자른 후 참기름, 소금, 후추로 재운다.
- 호두, 레몬즙, 요구르트, 소금, 후추는 믹서에 곱게 갈아 양념장을 만든다.

## 조리

1. 죽순을 결의 반대로(빗살무늬결) 채친 후 식용유에 살짝 볶아 식힌다.
2. 재운 소고기는 볶아서 식힌다.
3. ①, ②를 양념장에 조물조물 무쳐주고 홍실고추, 흑임자를 뿌려 완성한다.

### 알 아 두 기

쌀뜨물에 죽순을 재우면 아린맛이 사라진다.

春

# 우엉, 도라지전

피부염증에 소염작용을 하고, 기관지 분비기능을 항진하고
가래를 삭히는 기관지 계통에 효과가 있다.

## 재료

| | | | |
|---|---|---|---|
| 우엉 25g | 식초 5g | 식용유 4g | 이쑤시개 6개 |
| 도라지 25g | 설탕 6g | 소금 0.4g | |
| 건다시마 4g | 달걀 40g | 후추 0.02g | |

## 준비

- 우엉과 도라지는 흐르는 물에 깨끗이 손질하고 껍질을 벗겨 0.3×1×4cm 길이로 자른 후, 우엉은 식초물, 도라지는 설탕물에 12시간 동안 재운다.
- 달걀은 풀어 놓고, 건다시마는 믹서에 곱게 간다.

## 조리

1. 우엉과 도라지는 약한 소금물에 살짝 데친다.
2. 이쑤시개 두개에 우엉-도라지-우엉-도라지 순으로 가장자리에 꽂는다.
3. 꽂은 우엉, 도라지는 물기를 거즈에 닦은 후 후추로 양념을 한 후, 다시마가루와 달걀물을 묻힌 후 프라이팬에 기름을 두르고 앞·뒤를 노릇노릇하게 지져 완성한다.

### 알 아 두 기

설탕물에 도라지를 담근 후 하루가 지나면 도라지의 쓴맛(사포닌)이 중화된다.

# 메로구이

불포화지방이 90% 이상으로
체내 콜레스테롤을 저하시켜 성인병 예방에 효과적이다.

## 재료

- 메로 180g
- 양파 30g
- 대파(흰 부분) 30g
- 다시물 20g (p.111 참조)
- 된장 7g
- 정종 2g
- 식용유 3g
- 생강 2g
- 레몬 3g
- 소금 1.5g
- 후추 0.03
- 종이호일 1/2

## 준비

- 메로껍질을 손질하여 굽기 좋게 자른다.
- 대파, 양파, 레몬은 0.3cm 두께로 자른다.
- 다시물, 된장, 정종, 소금, 후추, 생강즙을 섞어 양념장을 만든다.

## 조리

1. 손질한 메로는 양념장에 8~10시간 동안 재운 후 꺼내 양념장을 거즈로 살짝 닦아낸다.
2. 프라이팬에 식용유를 두르고 센불에 ①을 넣어 한 쪽은 색을 낸다.
3. 종이호일를 펴서 양파, 대파, 레몬을 깔고 ②의 가열하지 않은 반대편 면이 채소에 닿게 하여 종이호일를 밀봉한다.
4. 프라이팬 불은 약하게 하여 밀봉한 ③을 익힌다.
5. ④를 손으로 눌러 메로가 단단해지면 종이호일에 싼 메로를 튀긴 생강과 함께 접시에 담아 완성한다.

### 알 아 두 기

메로는 지방이 많아 느끼함이 강하므로 간장이나 된장의 양념구이가 깔끔하다.
종이호일를 사용하면 고기가 마르지 않고 촉촉하다.

# 다슬기보리국수

시력저하를 보호하는 효과와 안구질환을 예방하고,
무엇보다 간기능 및 숙취해소, 혈관질환 예방에 효과가 있다.

## 재료

| | | | |
|---|---|---|---|
| 중력분 180g | 대파 6g | 마늘 1.5g | 후추 0.03g |
| 다슬기 60g | 된장 6g | 소금 0.8g | 보리순 0.8g |

## 준비

- 다슬기는 5시간 동안  해감시켜 박박 문질러 씻어 끓는 물에 삶아, 육수는 거르고 다슬기 살은 바른다.
- 보리순은 믹서에 곱게 갈아 소금을 약간 넣어 중력분과 반죽하여 숙성시킨다.
- 대파는 0.3cm 두께로 어슷썬다.

## 조리

1. 보리순 반죽은 성형하여 보리면을 만든다.
2. 거른 육수에 된장을 풀고 성형한 면을 넣어 5~6분 동안 삶는다.
3. ②를 끓인 후 다슬기, 마늘, 대파, 소금, 후추로 간하여 완성한다.

### 알 아 두 기

다슬기 살을 바를 때에 살의 밑부분 내장을 떼어낸다.(씁쓸한 맛 제거)

# 송화율무밥

春

인슐린 분비를 촉진하여 혈당조절에 탁월하므로 당뇨환자에게 좋으며, 식이섬유가 풍부하여 변비와 다이어트에 효과가 있다.

## 재료

백미 50g　　율무 50g　　송화가루 2g　　참기름 2g

## 준비

– 율무와 백미는 2~3번 물로 깨끗이 씻고 30분 동안 물에 담가 놓는다.

## 조리

1. 율무를 참기름에 3~4분 동안 볶다가, 백미를 넣고 물을 넣어 밥을 한다.
2. 밥을 뜸들일 때 송화가루를 밥 위에 솔솔 뿌려 뜸을 들인다.
3. 뜸들이기가 끝나면 주걱으로 골고루 섞어 완성한다.

**알 아 두 기**

율무는 보리밥처럼 텁텁한 맛이므로, 참기름으로 고소함을 내기 위해 볶은 후 밥을 짓는다.

# 소꼬리주꾸미탕

春

주꾸미의 타우린성분은 기력회복 및 두뇌발달에 좋고,
눈의 피로, 시력보호, 원기보충에 도움을 준다.

## 재료

소꼬리 50g
주꾸미 30g
미나리 3g

대파 3g
통마늘 10g
천궁 2g

홍고추 0.2g
소금 0.8g
후추 0.03g

**〈소스〉**
갠 와사비 0.5g
간장 0.1g
다시물 30g (p.111 참조)
레몬즙 2g

## 준비

- 소꼬리는 흐르는 찬물에 담가 핏물을 뺀 후 2시간 동안 끓여 삶는다.
- 주꾸미는 소금에 비빈 후 머리에 내장을 빼고 1/2 크기로 자른다.

## 조리

1. 삶은 소꼬리는 냄비에 담아 통마늘, 천궁, 대파를 넣고 40분 동안 삶는다.
2. ①의 소꼬리가 뼈와 살이 분리되면 거즈에 거른다.
3. 거른 육수 ②와 소꼬리, 주꾸미는 함께 넣어 한 번 더 끓이고 미나리, 대파, 홍고추, 소금, 후추로 간하여 완성한다.

### 알 아 두 기

소꼬리는 삶는 양에 따라 시간을 조절한다.
소꼬리는 소스에 찍어 먹는다.

# 인삼딸(꽃)

春

사포닌 성분이 높고 몸을 따듯하게 보하며,
쓴맛은 식욕을 촉진하여 원기보강과 혈당강화에 효과가 있다.

## 재료

인삼딸(꽃) 40g　다시물 20g (p.111 참조)　설탕 15g　식초 5g
감초 1.5g　진간장 10g

## 준비

- 인삼딸(꽃)은 손질하여 연한 식초물에 30분 동안 재워 건져, 물에 씻어 채반에서 물기를 제거한다.(살균작용)
- 다시물, 진간장, 설탕, 식초를 넣어 끓여 달임장을 만든다.

## 조리

1. 수분이 제거된 인삼딸은 용기에 담아 누름그릇을 올려 눌러 놓는다.
2. 끓인 달임장을 ①에 붓고 하루가 지난 후 반복한다.(용기에 담은 달임장을 따로 끓이지 않고 끓인 달임장을 반복하여 끓인다.)
3. 밀봉하여 냉장보관(10일) 후 사용한다.

**알 아 두 기**

인삼딸 본연의 씁쓰름한 맛은 취향에 맞춰 당분을 넣어 조절한다.

# 뽕잎나물

뽕잎의 '가바' 라는 성분이 모세혈관을 강화시켜 혈압수치를 조절해주고, 심혈관 예방을 해주며 소갈병(당뇨)을 치료하는 데에 효과가 있다.

## 재료

뽕잎순 70g　소금 1g　참기름 0.8g　통깨 0.5g
된장 2g

## 준비

- 뽕잎의 어린순을 골라 깨끗이 씻어 팔팔 끓는 물에 소금을 약간 넣어 1분 동안 살짝 데친 후, 찬물에 헹구어 채반에 물이 빠지게 놓는다.
- 된장은 물을 조금 넣고 곱게 간다.

## 조리

1. 데친 뽕잎은 그릇에 담아 된장물과 참기름, 소금으로 간하여 조물조물 무친다.
2. 무친 뽕잎 위에 통깨를 골고루 뿌려 완성한다.

### 알 아 두 기

잎의 채취 시기를 놓치면 잎이 빳빳해서 식감이 떨어지므로, 오디의 열매순이 나고 곧바로 채취한다.

# 민들레꼬시래기김치

春

독을 풀어 식욕부진에 소화를 돕고, 지방간을 형성하지 못하게 예방하여
간을 보호하고 농을 풀어 이뇨작용에 도움을 준다.

## 재료

| | | | |
|---|---|---|---|
| 민들레 50g | 배 3g | 설탕 1.8g | 고춧가루 2.2g |
| 꼬시래기 10g | 멸치액젓 0.6g | 소금 3g | 마늘 0.7g |
| | | | 찹쌀풀 0.8g |

## 준비

- 민들레의 부드러운 잎을 골라 흐르는 물에 깨끗이 씻은 후 1/2 크기로 자르고, 30분 동안 설탕 1, 소금 1의 물에 절인다.
- 꼬시래기를 물에 여러 번 씻은 후 20분 동안 물에 담근다.
- 배는 믹서에 즙으로 간다.

## 조리

1. 그릇에 양념(고춧가루, 찹쌀풀, 배즙, 설탕, 소금, 멸치액젓, 마늘)을 골고루 섞는다.
2. 절인 민들레는 채반에 물기를 뺀 후 ①의 양념장을 버무리고, 마지막으로 물에 건진 꼬시래기를 5cm로 자른 후 살짝 버무린다.
3. ②에 통깨를 솔솔 뿌려 완성한다.

알 아 두 기

민들레의 겉잎은 덖은 후 건조시켜 차로 우리면 좋다.
꼬시래기는 끓는 물에 살짝 데쳐도 좋다.

# 양파탕

지방흡수를 억제하고 만성피로 회복에 좋으며,
혈전을 예방하여 녹여주고 혈액순환을 도와 심혈관질환 예방에 좋다.

## 재료

양파 200g　　소금 0.8g　　레드와인 50g　　꿀 20g

## 준비

- 양파는 껍질을 벗겨 깨끗이 씻어 뿌리 부분을 자르고, 0.1cm 두께로 최대한 가늘게 썬 후 소금을 뿌려 양파의 숨을 죽이다.

## 조리

1. 숨죽인 양파를 프라이팬에 1시간 동안 중불로 볶는다.
2. 양파가 갈색으로 변하고 서로 엉기고 단단해질 때 레드와인을 넣으면서 계속 볶다가 수분이 사라지면 볶음을 중지하고 채반으로 옮겨 식힌다.
3. 끓는 물에 ②를 넣고 끓여 잔에 담은 후 꿀을 넣어 완성한다.

알 아 두 기

양파탕은 양파가 제대로 볶아져 곶감맛이 나야 한다.

# 황기견과죽

夏

우리 몸의 나쁜 콜레스테롤을 낮추고 동맥경화 예방에 효과가 있으며,
기(氣)를 보하고 땀을 멈추게 하며 노화방지와 다이어트에 도움을 준다.

## 재료

백미 60g
황기 3g
호박씨 5g
호두 5g
캐슈넛 5g
참기름 0.8g
아몬드 5g
소금 0.8g
흑임자 0.4g

## 준비

- 황기는 물에 불린 후 1시간 동안 끓여 황기물을 거른다.
- 백미는 깨끗이 씻어 물에 불린다.
- 견과류(호박씨, 호두, 캐슈넛, 아몬드)는 칼로 거칠게 다진다.

## 조리

1. 물에 불린 백미와 황기물을 넣어 끓이다가 중불로 20분간 끓인다.
2. 참기름에 견과류를 살짝 볶은 후, ①을 넣고 계속 끓인다.
3. 쌀이 투명해지고 퍼지면, 소금으로 간을 하여 그릇에 담아 흑임자를 뿌리고 완성한다.

**알 아 두 기**

견과류는 쉽게 산패되고 가열을 한 후에는 빠르게 식어, 바로 먹는 것이 좋다.

# 오미자돌나물김치

夏

갈증해소와 식욕을 돋워 간기능을 강화하며
폐기운과 심신안정, 혈관질환 및 고혈압 예방에 효과가 있다.

## 재료

| | | | |
|---|---|---|---|
| 생수 150g | 돌나물 20g | 잣 0.4g | 소금 1.3g |
| 오미자 20g | 배 3g | 오미자청 3.5g | |

## 준비

- 오미자는 흐르는 물에 깨끗이 씻은 후 생수에 불린다.
- 돌나물은 연하므로, 뿌리의 흙을 설렁설렁 잘 씻어 채반에 두고 물기를 제거한다.
- 배는 믹서에 곱게 간다.

## 조리

1. 오미자청과 불린 오미자물에 간 배와 소금으로 간을 한다.
2. 돌나물에 생수를 자박하게 붓고 씻은 오미자를 넣어 ①과 혼합한다.
3. ②를 하루 정도 실온에서 숙성하고, 먹기 전에 잣을 띄워 완성한다.

### 알 아 두 기

돌나물은 약간의 식초를 섞어 씻어주면 미세먼지를 제거하는데 도움을 준다.

# 맥문동수삼냉채

夏

식욕을 올려주고 기운을 돋우며,
기를 도와 소화기능과 기관지를 강화시켜 피로회복에 좋다.

## 재료

수삼 35g
맥문동 8g
배 5g

오이 2g
고구마 5g
흑임자 0.4g

〈시트러스소스〉
오렌지 0.8g
레몬 0.4g
식초 0.4g
꿀 1g
소금 0.5g

## 준비

- 수삼은 껍질을 대나무로 깨끗이 벗겨 0.2×0.2×4cm 크기로 썬다.
- 오이는 둥글게 돌려 깎아 껍질만 두고, 배와 고구마는 0.2×0.2×4cm 크기로 썬다.
- 썬 고구마는 설탕물에 담근 후 끓는 물에 2~3초 정도 데친다.
- 건맥문동은 물에 1시간 동안 불린 후, 건져 2등분한다.

## 조리

1. 그릇에 시트러스소스를 담아 수삼, 맥문동, 오이, 배, 고구마와 함께 버무리고 5분 동안 숙성시킨다.
2. ①을 접시에 담고, 남은 시트러스소스를 뿌린 후 흑임자를 올려 완성한다.

### 알 아 두 기

인삼, 더덕, 도라지 등은 금속성분인 칼을 사용하면 영양성분이 파괴되므로 대나무를 사용하면 좋다.

# 호박꽃전

夏

습열제거작용과 지혈작용으로 황달, 이질에 좋고
기를 보하며 이뇨작용에 좋다.

## 재료

- 호박꽃 2개
- 돼지고기 20g
- 두부 10g
- 양파 3g
- 파 0.8g
- 마늘 0.5g
- 달걀 40g
- 밀가루 0.7g
- 소금 0.7g
- 후추 0.03g
- 식용유 5g

## 준비

- 호박꽃 줄기를 자르고, 꽃봉오리는 떼어 씻어 놓는다.
- 돼지고기는 다져 놓고, 두부는 물기 제거 후 칼등으로 으깬다.
- 양파, 파, 마늘은 다진다.
- 달걀은 푼다.

## 조리

1. 돼지고기, 두부, 양파, 파, 마늘, 달걀, 소금, 후추를 섞어 소를 만든다.
2. ①을 호박꽃에 넣어 싼 뒤, 밀가루와 달걀물을 입힌다.
3. 프라이팬에 식용유를 두르고 ②를 앞·뒤로 노릇노릇하게 지져 완성한다.

**알 아 두 기**

호박꽃이 피기 전에 수확한 것을 사용하는 것이 부드럽다.

# 전복구이

夏

눈을 밝게 하고, 지나친 피로로 몸이 허약한 사람에게 영양을 보충한다.
피를 맑게 하고, 몸에 기력을 보충해주며 특히 노약자의 원기회복에 좋다.

## 재료

| | | | |
|---|---|---|---|
| 전복 120g | 잣 2g | 참기름 0.7g | 소금 0.2g |
| 건미역 2g | 밀가루 0.6g | 어간장 1.2g | 후추 0.01g |
| 마늘 1g | 건방아잎가루 0.4g | 식용유 0.8g | |

## 준비

- 전복살은 솔을 이용해 구석구석 깨끗이 씻어, 내장이 안 터지도록 수저를 이용하여 껍질에서 살을 떼어 내어 전복의 이빨을 제거한다.
- 건미역은 불린 후 마늘, 잣과 함께 곱게 다져 볶는다.
- 전복껍질은 끓는 물에 삶는다.

## 조리

1. 손질한 전복에 # 모양으로 칼집을 넣고 소금, 후추, 밀가루를 뿌린다.
2. 프라이팬에 식용유를 두르고 ①을 앞·뒤로 노릇노릇하게 4~6분 동안 양념(마늘, 미역, 잣, 어간장, 참기름)하여 굽는다.
3. 전복껍데기에 양념 구운 전복을 담고 건방아잎가루를 뿌려 완성한다.

### 알아두기

전복은 내장(게우)을 버리지 말고, 다진 후 전복죽으로 사용한다.
방아잎은 비린맛을 제거한다.

# 수박냉면

夏

더위 속 열을 내려 갈증을 해소하고 이뇨작용을 도우며,
염증을 예방하는 소염작용을 하고, 여름철 더위에 지친 입맛을 살려준다.

## 재료

〈수박육수〉
양지 삶은 물 600g
수박 80g
마늘 0.3g
수박껍데기 11g
양파 0.5g
생강 0.14g
무순 3.6g
설탕 0.9g
간장 0.1g
소금 0.6g
식초 0.4g
수박 30g
포도당 0.4g
고과당 1.3g
구연산 0.1g

〈고명〉
달걀 60g
우양지 30g
어린순 0.4g
무 10g
흑임자 0.2g

〈면반죽〉
밀가루 80g
전분 12g
물 20g
소금 2g
비트 0.1g

## 준비

- 밀가루, 전분, 수박즙, 비트즙을 반죽하여 4시간 동안 숙성시킨다.
- 수박껍질, 양파, 무는 0.3×0.8×3cm 크기로 자르고, 수박은 즙을 내어 준비한다.
- 설탕, 간장, 소금, 식초, 포도당, 고과당, 구연산, 소금을 혼합 양념한다.
- 고명용 수박은 씨를 제거한 후 0.5×0.5×0.5cm 크기로 자른다.
- 달걀은 쪄서 1/2로 자르고, 양지는 삶아 0.3×0.3×5cm 크기로 자른 후 어린순은 씻고, 무는 소금, 식초, 설탕에 절인 후 채반에 건져내어 고명을 준비한다.

## 조리

1. 숙성시킨 수박면은 성형한다.
2. 육수는 양념과 수박껍질, 양파, 무를 30분 동안 끓인 후 거품, 이물질을 제거하여 찬물에 식히고, 수박즙과 섞어 냉동실에 살얼음으로 얼린다.
3. 성형한 수박면은 1~3분 동안 삶아 찬물에 헹구어 물기를 꽉 짠다.
4. 그릇에 수박면을 담아 고명을 올린 후 ②의 육수를 붓고, 흑임자를 띄워 완성한다.

알 아 두 기

수박냉면육수 특허 제조 100930214호 참고

# 두부보리밥

夏

장 활동을 원활하게 하여 오장육부를 튼튼히 하고,
혈당을 조절하여 당뇨를 개선하고 소화궤양 치료에 효과적이다.

## 재료

보리쌀 60g
간장 0.4g
식용유 2g
참기름 0.2g
두부 40g

## 준비

- 보리쌀을 2~3번 깨끗이 씻어 물에 30분 이상 담가 놓는다.
- 두부는 0.8×0.8×0.8cm 크기로 자른 후 마른 거즈에 물기를 제거한다.

## 조리

1. 밥솥에 불린 보리쌀을 넣어 물을 넣고 밥을 짓는다.
2. 자른 두부는 프라이팬에 식용유를 넣고 볶은 후 간장, 참기름을 넣어 색을 낸다.
3. ①을 뜸들일 때에 ②를 넣어 완성한다.

**알 아 두 기**

두부는 프라이팬에 볶아주면, 맛이 더 고소해지고 밥을 지을 때 부서지는 것을 방지할 수 있다.

# 사군자순탕

夏

허약한 위장기능을 활발하게 도와 근골을 튼튼하게 하고,
추위와 더위를 이겨내는 에너지원으로 좋다.

## 재료

| | | | |
|---|---|---|---|
| 메추리 180g(2마리) | 감초 1.5g | 대추 4g | 소금 1.2g |
| 수삼 8g | 백출 2.5g | 실파 0.3g | 후추 0.02g |
| 백봉령 2.5g | | | |

## 준비

- 수삼, 백봉령, 감초, 백출은 물에 1시간 동안 담가 약재물로 우려낸다.
- 메추리는 내장을 제거하고, 흐르는 물에 핏기, 불순물을 깨끗이 씻어 놓는다.

## 조리

1. 우린 약재물에 손질한 메추리, 인삼, 대추를 넣어 중불에 30분 동안 끓인다.
2. 이쑤시개로 메추리를 찔러 익었는지 확인하고 소금, 후추로 간하여 고명, 인삼, 대추, 실파를 올려 완성한다.

알 아 두 기

사군자탕에 메추라기 "순"하여 사군자순탕

# 한방복숭아초

원활한 수분공급과 피부탄력에 좋고, 심장의 기를 보양하고 니코틴을 해독하여 폐의 기능 기침, 가래, 천식치료에 효과적이다.

## 재료

| | | | |
|---|---|---|---|
| 단단한 천도복숭아 60g | 식초 50g | 황기 0.3g | 팔각 0.2g |
| 생수 200g | 소금 2.5g | 감초 0.4g | |
| 설탕 100g | 소주 0.3g | 제피 0.3g | |

## 준비

- 천도복숭아는 깨끗이 씻어 1/2등분하여 씨를 빼고 12등분한다.
- 감초, 황기, 제피, 팔각은 한 번 씻은 후, 생수에 1시간 동안 넣고 약재물을 만든다.
- 설탕, 식초, 소금을 냄비에 섞는다.

## 조리

1. 준비된 약재물과 설탕, 식초, 소금을 15~20분 동안 끓여 식힌다.
2. 천도복숭아는 용기에 담아 누름접시로 덮고 끓인 ①을 붓는다.
3. 1일 후 약재물만 따른 후 다시 끓여 식혀 용기에 다시 담는다.(②의 과정 반복)
4. 소주를 넣고 용기를 밀봉해서 5일간 냉장 보관 후 섭취한다.

**알 아 두 기**

피클이나 장아찌를 담을 때는 덜 익은(단단한) 재료가 나중에 아삭하여 식감이 좋다.
천도복숭아는 단단한 걸로 선택한다.

# 건당근나물

夏

몸을 따듯하게 해주며, 시력보호, 피로회복에 좋으며
몸 속 독소배출을 돕고 장기능 변비에 효과적이다.

## 재료

당근 80g 설탕 0.5g 흑임자 0.4g 식용유 0.6g
마늘 0.8g 참기름 0.7g 소금 0.1g

## 준비

- 당근은 깨끗이 씻어 껍질을 벗겨 0.4×2×4cm로 썰어, 하루 동안 건조시킨 후 소금, 설탕물에 15분 동안 담근다.

## 조리

1. 당근은 프라이팬에 식용유를 두르고 마늘과 살짝 볶아 식힌다.
2. 참기름, 흑임자를 그릇에 혼합하여 ①을 넣고 조물조물 무쳐 그릇에 담아 완성한다.

알 아 두 기

당근은 원형으로 채썰어 전자레인지에 1분 30초 돌리면 훌륭한 주전부리가 된다.

# 피망나박겉절이

夏

비타민 C가 풍부하여 항암작용을 하고, 소화기관을 튼튼하게 하여 밥맛을 돋우고 감기, 동맥경화, 고혈압 예방에 효과적이다.

## 재료

| | | | |
|---|---|---|---|
| 노란피망 25g | 홍고추 3g | 마늘 2.5g | 멸치젓 3g |
| 파란피망 25g | 배 6g | 생강 1g | 찹쌀풀 1.5g |
| 홍피망20g | 양파청 2g | 소금 2.5g | 통깨 0.5g |

## 준비

- 3색 피망(노란, 파란, 홍)을 깨끗이 씻어 1.5×1.5cm 길이로 자른다.
- 홍고추는 믹서에 곱게 간다.

## 조리

1. 배, 마늘, 생강, 찹쌀풀을 곱게 믹서에 간다.
2. 양파청, 소금, 멸치젓과 믹서에 갈은 홍고추와 ①을 혼합하여 자른 3색 피망과 버무려 완성하여 통깨를 뿌린다.
3. 실온에 하루 동안 숙성한 후 냉장 보관하여 섭취한다.

### 알 아 두 기

겉절이가 된 상태에서 적당량의 생수를 넣으면 "피망물김치"로 입맛에 따라 다르게 이용할 수 있다.

# 생맥산식혜

夏

여름철 무더위에 지친 체력에 원기를 불어 넣어주고,
갈증해소를 신속하게 풀어준다.

## 재료

| | | | |
|---|---|---|---|
| 생수 600g | 건삼 2g | 엿기름 35g | 꿀 10g |
| 맥문동 4.5g | 오미자청 5g | 백미 4g | |

## 준비

- 맥문동과 건삼은 생수에 1시간 동안 불려 약재물을 만들어 30분간 끓이다가 거즈로 거른다.
- 엿기름은 물에 불려 조물조물하고 맑은 윗물만 떠서 사용한다.
- 밥은 고슬고슬하게 짓는다.

## 조리

1. 맑은 엿기름물과 약재물은 밥과 함께 보온밥솥에 넣어 8~10시간 동안 삭힌다.
2. ①의 밥알이 7~8개 정도 뜨면, 냄비에 옮겨 중불에 20~25분간 끓이고 이물질과 거품을 수시로 건져낸다.
3. 끓인 ②를 찬물에 식혀 오미자청과 꿀을 섞어 완성한다.

**알 아 두 기**

오미자는 건오미자를 사용하지 않고 오미자청을 만들어 사용한다.

# 서리태하수오죽

안토시아닌 성분이 많아 노화방지, 해독작용, 간, 신장기능을 튼튼히 하고, 탈모증상을 예방한다.

## 재료

백미 50g
서리태 40g
하수오 10g
소고기 4g
소금 1g
참기름 0.2g

## 준비

- 백미, 서리태는 깨끗이 씻고 30분 동안 물에 불려 믹서에 거칠게 간다.
- 하수오는 강판에 간다.
- 소고기는 곱게 다져 소금으로 간을 하고 참기름에 볶는다.

## 조리

1. 불린 백미, 서리태, 하수오와 함께 물에 넣고 20분 동안 끓인다.
2. 쌀알이 투명해지고 충분히 퍼지면 소금간을 한다.
3. 완성된 ①에 볶은 소고기를 고명으로 올린다.

### 알 아 두 기

하수오는 강판에 갈아주는 방법이 가장 좋다.
약재를 금속재료(칼)로 사용하는 것은 영양성분을 파괴하므로 피한다.

# 연근장김치

장기능에 좋으며 어혈을 풀어주고 피를 맑게 해주고,
열을 내리며 혈액 생성을 원활하게 하며 나트륨 배출을 도와 고혈압 예방에 좋다.

## 재료

연근 30g
양파청 2.5g
오이 5g
다시물 40g (p.111 참조)
배 4g
생수 130g
소금 3g
마늘 0.6g
멸치액젓 0.6g
생강 0.2g
씨간장(15년) 2g
설탕 2g
홍실고추 0.02g
찹쌀풀 2.5g

## 준비

- 연근은 깨끗이 씻어 껍질을 벗겨 1/4 크기로 깍둑썰기 한 후, 소금과 설탕에 재운다.
- 오이는 연근과 같은 방법으로 썰어 소금에 살짝 재운다.
- 양념장(배, 마늘, 생강은 곱게 갈고 양파청, 씨간장, 설탕, 멸치액젓, 찹쌀풀)을 준비한다.

## 조리

1. 연근, 오이는 물에 한 번 헹구어 채반으로 건져 물기를 제거한다.
2. 용기에 ①을 담고 양념장을 넣어 골고루 버무린 후 생수와 다시물을 붓는다.
3. 하루를 숙성한 후 냉장고에 보관하고, 먹기 전 홍실고추를 고명으로 올린다.

**알 아 두 기**

씨간장(15년)은 지방과 염도가 낮고 단백질이 풍부하다.

# 닭발냉채

무릎 관절염 통증을 해소하고 류마티스에 도움을 주며,
두뇌발달 및 혈당수치 유지에 좋고 근골을 튼튼하게 하며 기(氣)를 보해준다.

## 재료

| | | | |
|---|---|---|---|
| 물 375g | 우슬 10g | 사과 2g | 소금 1g |
| 닭발 100g | 무순 3g | 간장 1.2g | |
| 두충 15g | 블루베리식초 1g | 꿀 1g | |

## 준비

- 닭발은 손질하여 깨끗이 씻고 끓는 물에 데친다.
- 두충과 우슬을 깨끗이 씻어 1시간 동안 물에 불린다.
- 무순은 깨끗이 씻는다.
- 양념장(간장, 블루베리식초, 꿀, 사과, 소금)을 혼합한다.

## 조리

1. 두충, 우슬물에 손질한 닭발을 넣고 1시간 동안 삶아 뼈와 살을 분리하고, 분리된 살과 육수를 틀에 부어 굳힌다.
2. 접시에 씻은 무순을 깔고 썰어 놓은 닭 묵 ①을 올린다.
3. ②에 모든 양념장을 뿌려 완성한다.

**알 아 두 기**

두충껍질은 약불에 볶아(유효성분이 잘 우러나도록) 실같은 섬유질을 제거한 후 사용한다.

# 고구마, 마전

秋

기운을 빠르게 보충하고 회복시키며,
풍부한 섬유질로 원활한 장운동과 소화기관을 튼튼하게 해준다.

## 재료

고구마 40g
마 40g
양파 3g
통깨 0.8g
청고추 0.6g
소금 0.3g
밀가루 2.5g
달걀 40g
식용유 10g

## 준비

- 고구마와 마는 깨끗이 씻어 껍질을 벗겨 0.8cm 두께로 썰고, 가운데 부분을 파내어 도넛 모양으로 만든다.
- 청고추는 원형으로 썰어 준비한다.

## 조리

1. 도넛 모양이 된 고구마에는 마를, 마에는 고구마를 채운다.
2. 프라이팬에 식용유를 두르고, ①을 소금 뿌리고 밀가루-달걀물을 묻혀 굽다가 청고추를 고명으로 얹어 앞·뒤를 노릇노릇하게 익힌다.

**알 아 두 기**

아삭한 식감을 원할 경우 살짝 익혀도 좋다.

# 연어흑마늘찜

秋

콜레스테롤 수치를 낮추고 피부미용, 혈액순환을 좋게 만들어 항암 효과에 매우 좋다.
균을 잡아주는 멸균작용에 탁월하다.

## 재료

생연어 160g
겨자잎 16g
방아잎 12g
시래기 10g
된장 0.8g
레몬 5g
정종 0.8g
흑마늘 20g
소금 0.9g
후추 0.02g
참기름 0.5g

## 준비

- 생연어는 껍질을 벗겨 옆으로 칼집을 넣어 1/2로 펴 소금, 후추, 정종을 뿌려 놓는다.
- 시래기는 손질하여 20~30분 동안 삶아 채반에 물기를 뺀다.

## 조리

1. 손질한 연어에 흑마늘을 다져 펼친 연어 속을 채워 접는다.
2. 방아잎(배초향)을 ①에 싼 다음, 데친 겨자잎으로 다시 한 번 김밥처럼 말아 싼다.
3. 스팀을 이용하여 ②를 10분 정도 찐다.
4. 접시에 삶은 시래기를 된장, 참기름을 조물거려 묻혀서 깔아 놓고, 익힌 ③을 담고 레몬을 올려 완성한다.

### 알 아 두 기

통마늘을 보온밥통에 보온으로 12~15일 동안 숙성시키면 흑마늘이 완성된다.

# 야채비빔국수

秋

피부에 활력을 주고 소화능력을 키우며 다이어트에 좋다.

## 재료

고구마순 60g
당근 40g
콩나물 36g
도토리묵 50g
무 30g
달걀 60g

소금 4g
간장 5g
식용유 3g
참기름 0.8g
통깨 1g

〈비빔장소스〉
고추장 30g
마늘즙 2g
참기름 8g
파프리카가루 15g
식초 3g

양파청 20g
배 10g
통깨 1g
설탕 20g
간장 15g

## 준비

- 고구마순은 껍질을 벗겨 끓는 물에서 2~3분 동안 데친 후 건져, 참기름을 넣고 살짝 볶는다.
- 당근, 무는 껍질을 벗겨 채칼을 이용하여 면처럼 길게 썬 다음, 참기름을 넣고 살짝 볶는다.
- 콩나물은 머리를 제거하고 끓는 물에 1~2분 동안 데친 후 간장, 참기름으로 무친다.
- 도토리묵은 간장을 푼 물에 데치고 참기름을 발라 식힌다.
- 달걀은 분리하여 황, 백지단을 부쳐 채 썬다.

## 조리

1. 고구마순, 무, 당근, 콩나물, 황지단, 도토리묵을 시계방향으로 정결하게 그릇에 담고 가운데에 백지단을 담는다.
2. ①을 정결하게 담고 참기름과 통깨를 뿌려 완성한다.

**알 아 두 기**

비빔장에 고추장 대신 토마토를 갈아 대용으로 사용하면 건강한 새로운 맛을 나타낸다.

# 옥수수메밀밥

秋

시력보호에 도움을 주며 노폐물을 제거하여 혈액순환을 원활하게 해주고,
이뇨, 배변작용을 원활하게 하며 열을 내려준다.

## 재료

| | | | |
|---|---|---|---|
| 옥수수 30g | 백미 50g | 옥수수수염 3g | 소금 0.7g |
| 메밀쌀 30g | | | |

## 준비

- 옥수수알을 알알이 떼어 분리하여 깨끗이 씻는다.
- 백미, 메밀쌀은 깨끗이 씻어 30분 동안 물에 불린다.
- 옥수수수염은 깨끗이 씻어서 물에 넣고 10~15분 동안 끓여 옥수수물을 준비한다.

## 조리

1. 씻어 준비한(백미, 메밀쌀, 옥수수) 밥통에 끓인 옥수수물을 넣어 1.2~1.5배의 물을 잡고 15분간 중불에서 가열한다.
2. 중불에서 약불로 5~8분 동안 뜸들이기를 시작하면 뚜껑을 열어 골고루 섞어준다.
3. ②의 뜸들이기가 끝나면 밥공기에 퍼서 완성한다.

**알 아 두 기**

시중에 판매되는 스위트콘 통조림을 사용하면 가정에서 손쉽게 만들 수 있다.

# 오징어바지락국

秋

피로회복 효과와 인슐린 분비를 촉진하여 당뇨예방, 시력회복, 간기능 개선에 좋으며 피를 맑게 하고 숙취해소에 좋다.

## 재료

오징어 40g
생수 150g
바지락 100g
무 40g
콩나물 8g
마늘 0.3g
홍고추 1g
미나리 8g
정종 0.5g
참기름 0.8g
다시마 0.02g
간장 0.8g
후추 0.03g

## 준비

- 오징어는 껍질을 벗겨 손질하여 # 모양의 칼집을 넣고 1×3cm 크기로 썬다.
- 바지락은 1%의 소금물에 담가 햇빛이 없는 어두운 곳에 반나절 정도 해감하고 박박 문질러 씻는다.
- 다시마는 젖은 거즈로 닦아 놓는다.
- 콩나물은 머리를 떼고, 무는 0.3×0.5cm로 자른다.

## 조리

1. 냄비에 준비된 오징어, 무, 마늘, 바지락을 넣고 참기름을 넣어 2~3분 동안 약불에서 볶는다.
2. ①에 생수를 붓고 다시마를 넣어 10~15분 동안 끓이면서 떠오르는 거품을 제거한다.
3. 콩나물, 미나리, 홍고추, 정종을 넣고 한 번 더 끓인 후 완성한다.

### 알 아 두 기

오징어껍질은 소금을 묻혀 손쉽게 벗기면 국물을 더욱 맑게 한다.

# 언두부장아찌

秋

고단백으로 근육을 강화시키는 효과와 뼈를 튼튼하게 하고,
저칼로리 고단백으로 소화를 잘되게 하여 다이어트 효과가 있다.

## 재료

두부 60g　　간장 25g　　설탕 15g　　식초 18g
다시물 80g (p.111 참조)

## 준비

- 두부는 1×2×5cm 크기로 자른 후 그릇에 담아 밀봉하고, 냉동실에서 하루 정도 얼린 후 해동시켜 수분이 빠지게 거즈에 펴서 물기를 제거한다.

## 조리

1. 물기를 뺀 두부는 누름그릇으로 누른다.
2. 달임장(다시물, 간장, 설탕, 식초)을 끓여 ①에 붓는다.
3. 하루가 지나면 ①의 달임장을 따로 끓여서 붓고, 식으면 밀봉하여 완성한다.

**알 아 두 기**

단백질 함량이 기존의 두부보다 언 두부가 5~6배 정도 풍부하다.

# 바위취나물무침

秋

열을 내리고 독을 해독하여 염증과 풍을 삭히고, 위와 장을 튼튼하게 해주며 해열, 해독 등에 효과가 있다.

## 재료

바위취나물 40g　　소금 0.1g　　참기름 0.2g　　통깨 0.1g
된장 1g

## 준비

- 바위취나물은 연한 잎만 골라 손질한 다음, 끓는 물에 소금을 넣고 살짝 데친 다음 찬물에 씻어 준비한다.

## 조리

1. 데친 바위취잎을 가볍게 짜고 된장, 참기름으로 조물조물 버무린다.
2. 통깨를 뿌려 완성한다.

**알 아 두 기**

바위취나물을 샐러드로 이용할 수 있다.

# 브로콜리겉절이

秋

저칼로리, 식이섬유가 풍부하여 비만, 당뇨에 좋고, 체내 노폐물을 제거하여 피의 흐름을 원활하게 한다.

## 재료

| | | | |
|---|---|---|---|
| 브로콜리대 60g | 양파 4g | 양파청 0.8g | 소금 2g |
| 브로콜리꽃 15g | 마늘 1g | 멸치액젓 0.5g | 찹쌀가루 0.8g |
| 고춧가루 3g | | | |

## 준비

- 브로콜리대는 1/2등분하여 어슷썰어 준비하고 소금을 뿌려준다.
- 찹쌀가루는 풀을 쑤어 준비한다.

## 조리

1. 양파, 고운고춧가루, 마늘, 양파청, 멸치액젓, 찹쌀풀을 섞어 양념장을 만들어 놓는다.
2. 소금을 뿌린 브로콜리대를 물에 헹구어 꽃과 ①의 양념에 버무려 완성한다.

### 알 아 두 기

손질한 브로콜리대는 장아찌나 수프를 끓일 때 또는 샐러드 등에 이용한다.

# 감숙

秋

모세혈관을 튼튼하게 해주어 고혈압을 예방하고
숙취해소, 감기예방에 효과적이다.

## 재료

| | | | |
|---|---|---|---|
| 감 100g | 대추 0.8g | 설탕 0.2g | 계피 0.2g |
| 곶감 1개 | 생강 0.7g | | |

## 준비

- 감은 반달 모양으로 자른 후 껍질을 벗기고 씨를 제거하여 건조시킨다.
- 생강은 껍질을 벗기고 0.2cm 두께로 썰고, 대추, 계피는 깨끗이 씻는다.

## 조리

1. 자투리의 감은 끓여 감물을 만들어 거즈로 거른다.
2. ①의 감물에 손질한 감과 생강, 대추, 계피를 넣고 10~15분 동안 끓이고, 설탕을 넣고 거품을 건져내고 3~4분 동안 더 끓인 후 감은 건진다.
3. ②를 끓여 잔에 따르고, 곶감은 고명으로 띄워 완성한다.

**알 아 두 기**

곶감과 생강, 대추는 궁합이 잘 맞으며, 떫은감을 먹으면 변비가 생기지만 곶감은 변비가 생기지 않는다.

# 단호박수수타락죽

冬

식이섬유가 풍부하여 장운동을 활발하게 해주고,
혈전의 생성을 억제하여 혈관계질환을 예방하고, 피부미용과 이뇨작용에 좋다.

## 재료

단호박 30g　우유 200g　호박씨 0.6g　소금 0.8g
수수 40g　대추 0.2g　설탕 1g

## 준비

- 단호박은 껍질을 벗겨 깍둑썰어 30분 동안 찜통에서 푹 삶는다.
- 수수는 깨끗이 씻어 20~30분간 물에 불린 후 채반에 거른다. 이때 수수물을 버리지 않는다.
- 대추는 둥글게 말은 후 0.2cm 두께로 자른다.

## 조리

1. 수수는 믹서로 거칠게 갈아 수수물과 삶은 단호박과 함께 20분 동안 주걱으로 저으면서 끓이고, 거품은 제거한다.
2. ①이 걸쭉하게 끓으면 우유와 소금, 설탕으로 간하여 1~2분 동안 더 끓인다.
3. ②의 농도가 잘 맞고 수수가 잘 퍼지면, 불에서 내려 뜸을 들여 완성한다.
4. 자른 대추와 호박씨를 고명으로 올린다.

### 알 아 두 기

단호박은 단단하여 껍질을 벗기기가 힘들므로 팔팔 끓는 물에 1분간 데쳐 껍질을 벗긴다.

# 마물김치

冬

위산으로부터 위벽을 보호해 주고 변비를 예방하고,
장 건강과 소화기 계통의 소화력에 도움을 준다.

## 재료

- 생수 200g
- 마 20g
- 속배추 10g
- 홍고추 3g
- 실파 2g
- 배즙 3g
- 멸치액젓 1.5g
- 마늘즙 2g
- 찹쌀풀 3g
- 양파청 0.5g
- 생강즙 0.6g
- 소금 4g

## 준비

- 마늘은 껍질을 벗기고, 속배추는 깨끗이 씻은 후 0.2×1.5×1.5cm 크기로 자른 후 소금을 살짝 뿌린다.
- 배즙, 마늘즙, 생강즙, 멸치액젓, 찹쌀풀, 양파청, 소금을 혼합하여 김치물을 만든다.
- 홍고추는 0.2cm 두께로, 실파는 1cm 길이로 어슷 썬다.

## 조리

1. 절인 마와 배추는 최대한 물기를 제거한다.
2. 물기를 제거한 ①과 김치물은 용기에 담아 잘 섞이게 하고 홍고추, 실파를 띄운다.
3. 실온에 24시간 동안 숙성한 후 냉장고에 넣어 보관한다.

**알 아 두 기**

마의 끈적한 점액물질인 뮤산성분으로 국물이 탁할 수도 있다.

# 가오리냉채

冬

불포화지방산인 EPA, DHA가 많아 어린이 성장발육 및 뼈를 튼튼하게 해주고 입맛을 돋워주며 기력회복에 좋다.

## 재료

가오리 80g 묵은김치 30g 설탕 3g 볏짚 10g
아메리칸치즈 24g 배추뿌리 10g

## 준비

- 손질한 가오리는 볏짚과 비닐봉투에 담아 밀봉하여 냉장(10~15℃)에서 12~15일 동안 숙성한다.
- 묵은김치는 흐르는 물에 깨끗이 씻어 설탕물에 5~10분 동안 담근 후, 채반에 받쳐 물기를 제거한다.
- 배추뿌리는 0.1cm 두께로 곱게 채 썰어 물에 10~15분 동안 담근 후, 채반에 받쳐 물기를 제거한다.

## 조리

1. 적당히 삭힌 가오리는 2.5×4cm 크기로 자른 후 치즈로 싼다.
2. 묵은지를 펼쳐서 ①을 넣고 김밥 말듯이 싼다.
3. 접시에 채 썬 배추뿌리를 넣고 ②를 올려 완성한다.

알 아 두 기

치즈의 향과 맛이 삭힌 가오리의 암모니아 냄새와 질감을 부드럽게 중화시킨다.
실온에서 숙성시키는 것보다 저온숙성(냉장)이 고기의 질감에 탄력을 부드럽게 한다.

# 산약패주전

冬

폐를 보호해주고 콜레스테롤 저하로
혈압조절, 고지혈증 예방, 여성호르몬분비 촉진에 도움을 준다.

## 재료

패주 50g
산약가루 3g
밀가루 1g
홍고추 0.4g
달걀 40g
참기름 0.3g
정종 0.1g
소금 0.3g
후추 0.01g
식용유 0.8g

## 준비

- 패주의 하얀 심줄과 심을 벗겨 가운데를 1/2 편썰은 후 # 모양으로 칼집을 넣고 소금, 후추, 정종을 뿌려둔다.
- 산약가루, 밀가루를 섞어 혼합가루를 만든다.
- 달걀은 풀어서 준비한다.

## 조리

1. 손질한 패주에 참기름을 살짝 바르고 혼합가루–달걀물을 묻혀 프라이팬에 식용유를 두르고 지진다.
2. 앞·뒤로 노릇노릇 익히며 참기름을 살짝 뿌리고 홍고추를 고명으로 올려 완성한다.

### 알 아 두 기

전부치기의 마지막에 참기름을 약간 넣는 것은 전재료에 고소함을 더한다.

# 메밀묵사발

冬

위와 장운동을 원활하게 하고 간세포의 재생을 도와 해독작용을 하며, 혈관을 튼튼하게 하여 고혈압 및 동맥경화에 도움을 준다.

## 재료

통메밀 80g
물 360g
들깨가루 10g
소금 1.2g
김가루 0.5g
배추김치 60g

장아찌 담은 물 5g
양파청 3g
참기름 4g
통깨 0.7g
간장 0.8g

**〈육수 만들기〉**
생수 600g
건멸치 10g
건새우 4g
건다시마 2g
대파 2g
무 10g
양파 20g
간장 2g
소금 0.5g

## 준비

- 껍질을 벗긴 통메밀은 믹서에 곱게 갈아 준비한 후, 물에 20분간 불린다.
- 배추김치는 다져 장아찌물, 양파청, 간장, 참기름, 통깨와 함께 양념장을 만든다.

## 조리

1. 물에 재운 메밀묵을 들깨가루와 함께 10~15분 동안 냄비에 끓인다.
2. ①을 틀에 붓고 2~3시간 동안 굳힌다.
3. 굳은 메밀묵은 0.5×0.5×5cm 크기로 자른 후 그릇에 담고, 육수를 부어 배추김치, 다진양념을 올리고 김가루를 뿌려 완성한다.

**알 아 두 기**

메밀묵은 깻잎, 숙주와 함께 간장, 참기름, 통깨에 무쳐 한끼 식사 대용으로 훌륭하다.

# 경옥고너비아니구이

冬

피로회복, 정력강화, 신진대사, 항암효과에 뛰어나며
기력회복, 체력증진, 노화방지에 탁월하다.

## 재료

| | | | |
|---|---|---|---|
| 살치살 120g | 마늘 6g | 꿀 3g | 통깨 0.6g |
| 홍피망 6g | 정종 0.8g | 참기름 0.8g | 소금 0.4g |
| 감자 15g | 배 3g | 간장 1.2g | 후추 0.02g |
| 식용유 0.9g | | | |

## 준비

- 살치살은 0.8~1cm 두께로 펴서 앞·뒤로 # 모양의 칼집을 내고 소금, 후추, 정종을 뿌린다.
- 홍피망은 껍질을 태워 벗기고, 감자는 껍질을 벗겨 물에 담근다.
- 마늘은 가늘게 0.1cm 두께로 썰어 설탕물에 담근다.

## 조리

1. 홍피망, 감자는 가늘게 0.1cm 두께로 채 썰고, 감자는 끓는 물에 3~5초간 데친다.
2. 소금, 후추로 간을 한 살치살은 식용유를 두르고, 프라이팬(또는 석쇠구이)에 앞·뒤로 굽는다.
3. 숙성된 경옥고에 배즙, 간장을 넣어 끓이다가 꿀, 참기름을 넣고 간한다.
4. 접시에 익힌 고기를 담고 ③의 소스를 고기에 골고루 뿌려준 후 감자, 홍피망, 마늘, 통깨를 살짝 버무려 고기 위에 올려 완성한다.

### 알 아 두 기

경옥고 : 생지황 80g, 인삼 8g, 백복령 16g
곱게 갈은 후 도자기 그릇에 담아 보온밥통에 10일 정도 숙성한다.

# 부지갱이밥

冬

천식, 가래를 완화하고 기관지염, 감기에 효과적이며 섬유질이 풍부하여
소화, 이뇨작용, 신장기능에 도움을 주고 급성 심장질환에 좋으며 다이어트에 효과적이다.

## 재료

백미 80g
건부지갱이 14g
오이지 20g
간장 0.2g
참기름 0.1g

<비빔장>
다시물 15g (p.111 참조)
간장 30g
홍고추 3g
참기름 0.1g
통깨 2g
사과즙 5g
실파 2g
양파청 2g
마늘즙 1.5g
레몬 3g

## 준비

- 백미는 깨끗이 씻어 채반에 받쳐 물기를 뺀다.
- 건부지갱이를 1시간 동안 불린 후 물기는 짜서 간장, 참기름으로 조물조물 무친다.
- 오이지는 물에 담가 짠맛을 빼고 0.3cm 두께로 채 썬다.

## 조리

1. 씻은 백미와 손질한 부지갱이를 밥통에 넣어 밥을 짓는다.
2. 뜸이 끝나면 주걱을 이용하여 골고루 섞어준 후, 밥공기에 담아내고 오이지를 올려 완성한다.

알 아 두 기
오이지를 넣어주면 아삭한 식감을 한층 더하고 동치미 짠맛을 뺀 무를 썰어 넣어도 좋다.

# 호박오가리국

冬

비타민 D가 풍부하여 혈액농도 조절에 효과적이고 기관지를 보호하며 식이섬유 함량이 높아 장기능 활성이 뛰어나 다이어트에 도움을 준다.

## 재료

| | | | |
|---|---|---|---|
| 애호박 140g | 대파 4g | 참기름 1g | 소금 0.6g |
| 애배추 10g | 홍고추 2g | 된장 20g | 후추 0.01g |
| 두부 30g | 마늘 0.7g | 쌀뜨물 500g | |

## 준비

- 깨끗이 씻은 애호박은 4등분하여 0.3cm 두께의 어슷썰기로 길게 썰고, 소금을 살짝 뿌려 12시간 이상 건조시킨다.
- 깨끗이 씻은 애배추, 두부는 0.5×1.5×2cm 크기로 썰어 놓는다.
- 대파, 홍고추는 0.2cm 두께로 어슷 썬다.

## 조리

1. 건조시킨 애호박은 물에 깨끗이 씻어 3분간 불린다.
2. 냄비에 참기름을 두르고 중불에서 불린 애호박과 마늘을 넣고 1~2분간 볶은 후, 쌀뜨물에 된장을 풀어 넣고 10~15분 동안 끓인다.
3. ②의 불순물을 걷어내고 나머지 애배추, 두부, 홍고추, 대파를 넣어 끓인 다음 소금, 후추로 간을 하여 완성한다.

### 알 아 두 기

오가리는 박이나 호박, 무 등을 가늘게 썰어 말린 것을 말한다.

# 느타리버섯장아찌

冬

식이섬유 함량이 높아 혈액순환을 돕고 기운을 내며,
영양섭취가 부족하기 쉬운 성장기 어린이나 노인에게 좋은 찬으로 이용한다.

## 재료

다시물 60g
간장 20g
설탕 10g
정종 4g

〈다시물 만들기〉
건다시마 8g
생수 700g
무 35g
마늘 10g
양파 20g
대파 6g

* 30분간 끓이기

## 준비

– 느타리버섯을 손질하여 하루 동안 건조시킨다.

## 조리

1. 다시물, 간장, 설탕, 정종을 10분 동안 약불에서 끓여 달임장을 만든다.
2. 건조된 느타리버섯을 물에 씻어 물기를 말린 후, 그릇에 담아 누름그릇으로 누르고 ①을 붓는다.
3. 하루가 지난 후 ②의 장물을 따로 끓여 식혀 붓고 밀봉하여 냉장 보관한다.

### 알아두기

버섯장아찌는 쫄깃한 식감과 영양성분을 위해 건조시킨다.

# 다시마, 무나물

冬

갑상선호르몬의 정상적인 활동을 도와주고, 신진대사를 원활하게 하여 피부를 윤택하게 해주며 장운동을 활발하게 하여 소화작용에 탁월하다.

## 재료

| | | | |
|---|---|---|---|
| 무 30g | 마늘 0.4g | 참기름 1.2g | 통깨 0.5g |
| 다시마 10g | 식용유 1.5g | 소금 2g | |

## 준비

- 무는 껍질을 벗긴 후 손질하여 같은 길이로 0.5×0.4×5cm 크기로 자르고 8~10분 동안 소금을 살짝 뿌려 놓는다.
- 다시마는 물에 불려서 0.1×0.1×5cm 크기로 썰어 놓는다.

## 조리

1. 프라이팬에 식용유를 두르고 마늘을 볶다가, 자른 무를 4~5분 동안 볶는다.
2. 무가 2/3 정도 익으면 채 썬 다시마, 소금, 참기름으로 간하여 살짝 볶아 식힌다.
3. ②를 그릇에 옮겨 통깨를 뿌려 완성한다.

### 알 아 두 기

샐러드용으로 사용할 때는 다시마의 끈적한 성분인 알긴산 때문에 먹기가 불편하므로 끓는 물에 데쳐 사용하면 좋다.

# 아스파라거스겉절이

冬

아스파라거스는 우리나라의 죽순과 비슷하며, 비타민 $B_1$, $B_2$가 풍부하여 숙취해소와 이뇨작용, 항암효과, 다이어트에 효과가 있다.

## 재료

| | | | |
|---|---|---|---|
| 아스파라거스 50g | 홍파프리카가루 2g | 생강 0.4g | 양파청 0.7g |
| 비타민 8g | 마늘 1g | 간장 0.4g | 소금 0.1g |

## 준비

- 손으로 눌러 바람이 들지 않은 단단한 아스파라거스를 골라, 껍질을 벗겨 1/2등분하여 2.5cm 길이로 자르고 소금에 2~3분간 살짝 절인다.
- 비타민은 밑동을 자르고 깨끗한 물에 씻어 물이 빠지게 채반에 받친다.

## 조리

1. 홍파프리카가루, 마늘, 생강, 간장, 양파청, 소금을 그릇에 혼합하여 섞어 양념을 만든다.
2. 절인 아스파라거스는 물에 헹구어 물기를 제거하고 ①의 양념을 넣어 섞는다.
3. ②에 비타민을 조심스럽게 섞어 완성한다.

### 알 아 두 기

아스파라거스의 아삭한 맛을 잘 살려야 한다.

# 흑미수

冬

나쁜 콜레스테롤 산화를 방지하여 심장질환을 예방하고, 뇌졸중 위험을 줄이고 몸을 따듯하게 하며 변비와 다이어트에 효과가 있어 대사증후군을 예방한다.

## 재료

흑미 10g　　검은깨 2g　　꿀 20g　　소금 0.5g

## 준비

- 흑미는 물로 2~3번 깨끗이 씻고 물기를 제거한다.
- 검은깨는 물로 깨끗이 씻고 물기를 건조시킨다.

## 조리

1. 흑미는 약불에서 5~7분 동안, 검은깨는 3~4분 동안 볶는다.
2. ①을 식힌 후 믹서에 곱게 간다.
3. 물을 팔팔 끓여 잔에 따르고 ②, 소금, 꿀은 기호에 따라 넣는다.
4. 고명으로 볶은 흑미알을 띄워 완성한다.

### 알 아 두 기

여름에는 차게 해서 먹어도 좋다.

실기편

# 면역강화

夏

秋

冬

쑥죽
春

복통과 설사를 다스리며 부인병에 좋고
혈액순환, 간해독작용, 중금속 배출에 도움을 준다.

## 재료

| | | | |
|---|---|---|---|
| 백미 60g | 생수 400g | 된장 3g | 식용유 3g |
| 쑥 30g | 멸치 3g | 밀가루 0.6g | 소금 1.2g |

## 준비

- 쑥은 흐르는 물에 깨끗이 씻어 손질한다.
- 백미는 깨끗이 씻어 30분 정도 물에 불린다.
- 육수용 멸치는 팬에 구워 비린내를 없애고 된장과 함께 곱게 다진다.
- 쑥은 밀가루를 묻혀 기름에 튀긴다.

## 조리

1. 생수와 불린 쌀을 끓여 쌀이 투명하게 뭉글어질 정도로 20~25분 끓인다.
2. 위의 준비된 쑥, 멸치, 된장을 ①에 넣고 5분 정도 한소끔 끓인 후 소금 간을 하고 튀긴 쑥을 고명으로 올려 완성한다.

### 알아두기

죽을 끓일 때 물의 양은 불조절에 따라 조절이 가능하며, 불린쌀은 믹서기에 분쇄한 후 끓이면 시간이 단축된다.

# 황기오이냉국

여름철 더위를 멈추게 하여 갈증을 풀어주고, 해독작용과 이뇨작용에 좋으며
고혈압과 신장병 환자에게 좋다.

## 재료

| | | | |
|---|---|---|---|
| 생수 200g | 조선오이 30g | 식초 26g | 소금 4g |
| 황기 20g | 귤 10g | 흑임자 0.5g | |

## 준비

- 오이를 4등분하여 씨를 제거하고 어슷썰기하여 10분 정도 소금물에 절인다.
- 귤은 껍질을 벗겨 낱개로 준비해 놓는다.
- 황기는 엷은 소금에 2~3시간 담가 놓는다.

## 조리

1. 담가 놓은 황기는 생수에 30분 끓여 약수를 내서 찬물에 식혀둔다.
2. 절인 오이는 물에 씻어 놓고 귤은 1/2 편채로 썰어 놓는다.
3. ①의 완성된 약수와 ②를 혼합하여 식초, 꿀, 소금으로 간하고, 흑임자를 띄워 완성한다.

**알 아 두 기**

황기를 소금물에 담그면 삼투압 작용으로 인해 황기성분을 빨리 추출할 수 있다.

# 연근선

어혈을 풀어 피를 맑게 하여 새로운 피를 생성시키고, 열독을 풀어주며 기침과 위액질환 예방에 효과가 있다.

## 재료

연근 40g
소고기 10g
당근 4g
애호박 3g
달걀 50g
간장 0.3g

마늘 0.4g
참기름 0.8g
설탕 20g
후추 0.4g
식용유 0.8g

〈소스〉
요구르트 30g
단호박 5g
레몬즙 0.8g
마늘 0.3g
식초 5g
올리브오일 30g
소금 0.1g

## 준비

- 연근은 껍질을 벗긴 후 1.5cm 크기로 자른 후 가운데 칼집을 넣어 식초물에 담근다.(갈변방지)
- 소고기는 채썰어 참기름, 간장, 마늘, 후추양념에 재워두고 당근, 애호박은 채썰어 소금으로 간한다.
- 달걀은 황·백지단으로 부쳐 놓는다.

## 조리

1. 연근, 소고기, 당근, 애호박은 각각 식용유와 참기름에 볶아서 식혀 놓는다.
2. 황·백지단은 위의 재료 길이에 맞게 채를 쳐둔다.
3. 칼집을 낸 연근 사이에 당근, 황지단, 소고기, 백지단을 끼워 완성하여 소스를 뿌린다.

알 아 두 기

소스 : 소금, 올리브유에 식초를 넣고 천천히 거품기로 쳐주고, 서로 엉글어지면 요구르트와 레몬즙, 익혀 곱게 갈은 단호박에 소금, 후추로 간하여 완성한다. 많은 양의 소스는 믹서를 이용하면 쉽게 완성된다.

# 홍합전

간기능과 신장기능에 좋으며 피로회복에 도움을 주고,
허약체질의 양기를 강하게 하는 효과가 있고 조혈성분이 풍부하여 빈혈예방에 좋다.

## 재료

| | | | |
|---|---|---|---|
| 홍합 50g | 양파 2g | 레몬즙 2g | 어간장 3g |
| 닭고기 6g | 마늘 0.8g | 달걀 50g | 무즙 0.5g |
| 두부 3g | 소금 0.5g | 밀가루 3g | |
| 부추 1g | 후추 0.02g | 식용유 3g | |

## 준비

- 홍합의 수염을 제거한 후 1%의 소금물에 담근 후 씻어 끓는 물에 데친다.
- 닭고기, 부추, 양파, 마늘, 두부는 다져서 준비한다.

## 조리

1. 손질한 홍합은 가운데 칼집을 넣어 펼친다.
2. 닭고기, 부추, 양파, 마늘, 두부, 소금, 후추로 간하여 소를 만들어 ①에 만두 싸듯이 싼 후 밀가루, 달걀옷을 입혀 팬에 구워 놓는다.
3. 어간장에 무즙, 레몬즙을 넣어 소스를 만든다.

**알 아 두 기**

간단한 어간장 만드는 방법 : 멸치액젓 100g, 메줏가루 3g, 생수 30g, 다시마 1g을 끓인 후 소창에 걸러서 사용한다.

# 맥적양갈비

골다공증에 효과가 있고 이뇨작용이 원활하며,
수술 후 기(氣)를 높이는 보양식으로 이용한다.

## 재료

| | | | |
|---|---|---|---|
| 양갈비 200g | 당귀 0.8g | 통깨 1.5g | 참기름 0.8g |
| 된장 6g | 천궁 0.8g | 간장 0.3g | 소금 1.2g |
| 달래 4g | 실부추 6g | 양파청 0.7g | 후추 0.02g |
| 생강 6g | 부추 10g | 식초 0.2g | |
| 마늘 2g | 양파 5g | 레몬 0.1g | |

## 준비

- 당귀와 천궁은 끓여서 약재물을 만든다.
- 양갈비는 손질하여 양념장(약재물, 된장, 마늘, 생강, 간장, 양파청, 소금, 후추, 참기름)에 20~30분 재운다.
- 양파는 곱게 채썰어 물에 담근 후 거즈를 이용하여 양파가 부서지지 않게 물기를 짠다.

## 조리

1. 통깨, 참기름, 간장, 식초, 레몬을 혼합하여 드레싱을 만들고, 손질한 부추와 양파에 곁들인다.
2. 재운 양갈비는 달래와 함께 타지 않게 굽는다.(양념장 재운 고기이므로 타지 않게 주의)
3. 구운 양갈비를 양파, 실부추와 담아 완성한다.

알 아 두 기

기존에 고추장이나 간장으로 양념을 재우는 방식보다는, 된장으로 재우면 고기의 냄새와 맛이 깔끔하다.

# 어성초편만두국

春

신진대사를 촉진시켜 혈액순환을 잘되게 하고 피부미용에 효과적이며,
장기능을 활발하게 도와 해독작용과 부인병질환에 좋다.

## 재료

〈만두소 재료〉
도미살 60g
어성초 2g
달걀 60g
양파 5g
마늘 2g
당면 2g
두부 4g
소금 0.4g
후추 0.1g

〈만두피 재료〉
참기름 0.1g
중력분 70g
물 25g
달걀 20g
감자 30g

〈멸치육수 재료〉
멸치 6g
무 4g
건다시마 2g
대파 4g
양파 6g
간장 0.3g
실파 2g
홍고추 0.4g

## 준비

- 도미살은 소금물에 깨끗이 씻어 물기를 제거한다.
- 어성초는 잎만 흐르는 물에 씻어 놓고, 양파는 손질해 놓는다.
- 당면은 물에 불리고, 두부는 거즈에 짜 놓는다.
- 만두피는 중력분, 갈은 감자, 물을 넣어 반죽한 후 휴지시킨다.
- 육수용 멸치는 팬에 볶아 20분 동안 끓여 육수를 만든다.

## 조리

1. 도미살, 어성초, 양파, 당면은 다진다.
2. 거즈에 물기를 뺀 두부와 ①을 혼합하여 소금, 후추, 참기름으로 간하고 만두소를 완성한다.
3. 만두피는 5g씩 떼서 밀대로 핀 다음, 한쪽 만두피의 테두리에 달걀물을 바른 후 ②의 만두소 3.5g을 넣어 빚어 놓은 만두피를 서로 겹쳐 붙인 다음 포크로 누른다.
4. 멸치육수에 만두를 넣고 끓이다가 풀어 놓은 달걀물과 실파, 홍고추를 넣고 한소끔 더 끓여 완성한다.

### 알 아 두 기

만두피 반죽은 중력분가루에 감자를 아주 곱게 갈아 반죽하여 만두피의 탄력을 더해준다.
생선 비린내가 난다고 하여 "어성초"라고 부른다.

# 해초현미밥

春

미네랄이 풍부하고 섬유질이 많아 혈당수치를 내리고 피를 맑게 하며, 변비개선과 장운동을 활발하게 해주며 이뇨작용과 체중감소에 효과적이다.

## 재료

| | | | |
|---|---|---|---|
| 현미쌀 45g | 건진두발 0.6g | 건세모가사리 0.9g | 건다시마 0.8g |
| 건미역 1.8g | 건돌가사리 0.6g | 한천 0.6g | 소금 2g |

## 준비

- 현미쌀을 씻어 물에 담가 놓는다.(30분 이상)
- 건해초(건미역, 건진두발, 건돌가사리, 건세모가사리, 한천, 건다시마)는 3~5분 동안 연한 소금물에 담가 불린다.

## 조리

1. 소금물에 불린 해초(건미역, 건진두발, 건돌가사리, 건세모가사리, 한천, 건다시마)는 염분을 빼고 채반에 받쳐 물기를 뺀다.
2. 현미밥을 짓기 시작하여 뜸들이기 5분 후에 ①을 넣는다.
3. 뜸들이기가 끝나면 골고루 밥을 섞어 완성한다.

### 알 아 두 기

해초를 불릴 때에는 연한 소금물에 불린다. 소금을 넣지 않을 경우 삭는 경우가 있다.

# 영양버섯국

기를 강하게 하고 항암작용과 혈당의 에너지원으로 작용하고,
소화작용을 촉진시켜 장운동을 도와 변비예방에 효과적이다.

## 재료

| | | | |
|---|---|---|---|
| 느타리버섯 10g | 부추 10g | 멸치 8g | 정종 4g |
| 은이버섯 2g | 들깨가루 2g | 다시마 3g | 간장 3g |
| 건목이버섯 2g | 흰달걀 16g | 양파 10g | 소금 2g |
| 표고버섯 10g | 생수 500g | 마늘 2g | 후추 0.4g |
| 콩가루 0.8g | | | |

## 준비

- 표고, 느타리버섯을 손으로 손질하여 흐르는 물에 씻는다.
- 은이버섯과 목이버섯은 물에 불린다.
- 생수, 멸치, 다시마, 양파, 마늘, 정종을 넣어 15분 끓여 육수를 만든다.

## 조리

1. 손질한 버섯에 콩가루, 들깨가루, 흰달걀 옷을 입혀 끓고 있는 육수에 넣고 익힌다.
2. ①의 거품 불순물은 건져내고 부추를 넣어 한소끔 끓인 후 간장, 소금, 후추로 간하여 완성한다.

**알 아 두 기**

구수한 맛을 더하기 위해 어간장을 사용한다.

# 두릅장아찌

혈액순환과 피로회복, 식욕을 돋우는데 도움을 주고 당뇨병 환자의 혈당을 낮춰주며, 배뇨작용을 도와 신장을 튼튼하게 강화시켜 몸의 부종을 예방한다.

## 재료

| | | | |
|---|---|---|---|
| 두릅 100g | 홍고추 0.2g | 간장 3g | 소금 0.03g |
| 다시마 10g | 양파 1g | 식초 5g | 계피 0.7g |
| 무 3g | 마늘 1g | 설탕 5g | |

## 준비

– 두릅은 겉가시 부분을 손질하고, 밑동은 십자(+)로 칼집을 내어 소금물로 씻어 준비한다.

## 조리

1. 다시마, 무, 양파, 마늘, 간장, 식초, 설탕, 소금. 계피를 넣어 끓인다.
2. 준비된 두릅에 물기가 빠지면 공기접촉 방지를 위해 누름그릇으로 눌러 놓고, ①의 달임장을 부어준다.
3. 하루 경과 후 달임장은 한 번 더 끓여서 식힌 후 다시 부어 뚜껑을 밀봉하여 완성한다.

**알 아 두 기**

계피는 강한 맛을 줄이기 위해 넣어주어 부드러운 맛을 낸다.

# 더덕나물

체내 독소를 제거해주고 해독작용을 하여 혈당조절에 도움을 주어 당뇨병 예방에 효과적이고 호흡기 계통을 보호하여 기침, 가래, 원기회복에 좋다.

## 재료

| | | | |
|---|---|---|---|
| 더덕 50g | 설탕 1g | 양파청 0.8g | 참기름 0.6g |
| 우유 100g | 잣가루 2g | 흑임자 0.2g | 소금 0.4g |

## 준비

- 더덕은 나무젓가락으로 껍질을 벗기고 방망이로 두드려 보푸라기처럼 만든 후 5시간 동안 우유, 설탕에 재운다.

## 조리

1. 우유에 재워 둔 더덕은 고운 채에 거른 후 손으로 설렁하게 짜준다.
2. 짜 놓은 ①에 양파청, 소금, 참기름을 넣고 버무려 양념이 배이면 잣가루, 흑임자를 고명으로 올려 완성한다.

**알 아 두 기**

닭고기를 우유에 재우면 부드러우며 잡냄새를 없애고, 더덕에 재우면 부드럽고 쓴맛을 중화시킨다.

# 가죽순겉절이

장운동을 원활하게 하고 과민성대장증후군, 설사를 멈추게 하며, 위궤양에 효과가 있고 소염, 살균작용으로 독소를 배출한다.

## 재료

가죽순 30g　다진마늘 0.5g　양파청 1.5g　간장 1.5g
홍파프리카 3g　고춧가루 1.2g　소금 0.05g　볶음통깨 0.4g

## 준비

- 가죽순은 흐르는 물에 깨끗이 씻어 채반에 담는다.
- 홍파프리카와 마늘은 곱게 믹서에 갈아 놓는다.

## 조리

1. 가죽순은 물기를 제거하고 1/2 크기로 자른다.
2. 홍파프리카, 고춧가루, 양파청, 마늘, 간장, 소금을 섞어 양념장을 만든다.
3. 만들어 놓은 양념장에 모든 재료를 혼합하여 손 끝자락으로 살살 버무린 다음, 통깨를 손으로 분쇄하여 뿌린 후 완성한다.

### 알 아 두 기

겉절이는 먼저 모든 양념장을 혼합하여 그릇에 담아 놓고, 채소를 살살 버무려 양념이 스며들게 한다.

# 칡냉차

피로회복, 소화불량, 숙취해소에 도움을 주고,
간 해독작용을 도와 소화기능에 도움을 준다.

## 재료

칡 20g　감초 2g　잣 1.5g　소금 0.1g
설탕 20g

## 준비

- 칡뿌리는 흙이 많으니 주의하여 흐르는 물에 깨끗이 씻고, 손질하여 2×2×2cm 깍둑썰기로 자른다.
- 감초 역시 흐르는 물에 깨끗이 씻는다.

## 조리

1. 물기가 마른 칡과 감초는 소금, 설탕을 골고루 섞어 용기에 담아둔다.
2. 설탕이 잘 녹게 자주 섞어 햇빛이 들지 않는 곳에 밀봉시킨다.
3. 90일이 지난 이후 칡건더기와 청을 따로 거즈에 거른다.
4. 생수 100 : 칡청 20의 비율로 잣 2~3개를 띄워 완성한다.(이때 비율은 개인의 기호도에 따라 정한다.)

**알 아 두 기**

칡차는 냉차와 온차로 입맛에 따라 선택한다.
감초를 넣으면 칡의 쓴맛을 중화시킨다.

# 보리닭죽

식이섬유가 풍부하여 소화, 대장활동을 원활하게 해주며 더위를 내리고 혈당을 낮추어주는 효과가 있어 혈관개선 및 당뇨 합병증 예방에 도움을 준다.

## 재료

보리쌀 40g 닭 40g 대추 0.5g 식용유 0.5g
백미 20g 인삼 1g 마늘 1.5g 소금 1.5g

## 준비

- 보리쌀, 백미는 씻어서 물에 30분 담근 후 믹서에 살짝 간다.
- 닭은 깨끗이 손질한 후 인삼, 마늘을 넣고 30분 동안 끓이고, 육수는 거즈에 거르고 잘 익은 닭살은 손으로 찢는다.
- 대추는 둥글게 말아 썰어 놓는다.

## 조리

1. 불린 보리와 백미는 냄비에 식용유를 넣고 투명하게 될 때까지 볶는다.(4~5분)
2. ①에 준비된 닭육수를 넣고 주걱으로 15~20분 정도를 자주 저어주어 뭉글해질 때 소금으로 간하고, 손질한 닭고기와 대추고명을 넣고 완성한다.

### 알 아 두 기

보리와 백미를 볶아야 더 구수한 맛을 낸다.

# 열무수박김치

夏

혈관에 탄력을 조절하고 혈액순환을 도우며 혈압을 낮추어 심혈관질환을 예방한다.
또한 갈증을 해소시켜 열을 내리게 하고 소화와 이뇨작용에 탁월하다.

## 재료

| | | | |
|---|---|---|---|
| 열무 25g | 고운고춧가루 1.2g | 소금 3g | 찹쌀 0.3g |
| 수박 100g | 마늘 3g | 생수 300g | 통깨 0.1g |
| 까나리액젓 2.5g | | | |

## 준비

- 열무는 흐르는 물에 씻어 3cm 크기로 잘라 소금을 뿌려 절인다.
- 수박 반을 믹서에 곱게 갈아 즙을 내고, 남은 반은 0.3×0.3×5cm 크기로 자른다.
- 찹쌀가루는 물을 넣고 끓여 풀을 만든다.

## 조리

1. 소금에 절인 열무는 씻어서 최대한 물기를 뺀다.
2. 생수, 수박즙, 찹쌀풀, 카나리액젓, 고운고추가루, 마늘, 소금을 섞는다.
3. ①+②를 골고루 섞어서 열무가 양념장에 배도록 하여 수박고명과 통깨를 뿌려 숙성시킨다.

### 알 아 두 기

단맛이 강한 수박은 어린이의 입맛에는 적합하지만,
단맛이 싫으면 수박량을 1/2로 줄이고 대신 생수를 넣어 만든다. 수박으로 인해 맛이 빨리 변한다.

# 우럭냉채

夏

삼복더위에 식욕을 돋워주고 철분, 칼슘이 풍부하여 세포생성을 도와 성장기에 도움을 준다. 아미노산이 풍부하여 피로회복, 성인병, 간기능 회복, 항암효과에 탁월하다.

## 재료

우럭 60g
감태 1장
레몬 5g
파프리카 3g
양상추 10g
소금 5g
설탕 15g
제피열매껍질 2g
미나리 3g
당근 5g
무순 3g

〈소스〉
갠겨자 3g
식초 2g
사과 2g
설탕 1g
마늘 0.2g
소금 0.02g

## 준비

- 싱싱한 우럭은 손질한 후 소금, 설탕, 제피열매껍질에 하루동안 재워둔다.
- 양상추, 무순은 흐르는 물에 씻어 놓고 미나리, 당근은 0.1×0.1×4cm로 채썬다.

## 조리

1. 재워둔 우럭은 거즈로 물기를 제거한 후  칼집을 넣어 포를 뜨고, 그 위에 채썰어 놓은  미나리, 당근, 무순을 넣어 돌돌 만다.
2. ①과 같이 말아 놓은 우럭은 감태로 감싸서 말고, 채쳐 놓은 양상추 위에 올려 소스를 뿌려 마무리한다.

### 알 아 두 기

우럭의 쫄깃한 식감법 : 우럭을 재울 때의 소금, 설탕 비율은 선호도에 따라 조절하며, 매운 제피향의 맛이 싫으면 오렌지를 사용한다.

# 강황두부선

夏

항암효과 및 치매예방에 도움을 주고 혈액순환을 활발하게 해주며,
소화작용을 도와 고단백질 다이어트 음식으로 효과가 있다.

## 재료

백태 100g
강황가루 3g
소고기 10g
당근 5g
표고버섯 3g
석이버섯 0.4g
애호박 5g
식용유 6g
참기름 1g
후추 약간
정종 약간

## 준비

- 소고기는 다져 소금, 후추, 참기름, 정종에 재운다.
- 석이버섯은 물에 불리고, 버섯 안쪽은 흐르는 물에 씻어 돌을 제거한다.
- 당근, 표고버섯, 애호박은 채쳐서 각각 소금에 절인다.

## 조리

1. 양념에 재운 소고기는 볶는다.
2. 팬에 식용유를 두르고 채썰은 석이버섯, 당근, 표고버섯, 애호박을 볶는다.
3. 만들어진 강황두부 한 면에 ①, ② 재료를 뿌려서 넣고, 남은 강황두부로 한 면을 덮어 무거운 재료로 눌러(20분) 두부선을 완성한다.

**알 아 두 기**

콩을 불려 물과 함께 믹서에 곱게 간 후 끓는 물에 넣어 20~30분 정도를 끓인 다음, 소창에 콩건데기(비지)와 콩물을 분리한 후 콩물은 중불에 끓여 강황가루를 넣어 저어주며 간수를 천천히 넣어 응고시켜 거즈에 거르면 '강황두부'가 된다. 완성된 두부선은 기름에 구으면 고소함이 더해진다.

# 오리떡갈비

夏

피부노화를 억제하여 피부에 탄력을 주며 체내 독소 해독작용을 하고,
혈액순환으로 피가 맑아져 고혈압 예방에 효과가 있다.

## 재료

| | | | |
|---|---|---|---|
| 오리가슴살 160g | 다진파 0.8g | 간장 1g | 소금 0.03g |
| 인절미(절편) 15g | 마늘 0.5g | 참기름 1g | 잣가루 0.8g |
| 당근 1.3g | 청주 1g | 양파청 1g | 식용유 3g |
| 양파 5g | 황도 20g | 깨소금 0.6g | |
| 양배추 3g | 영지버섯 3g | 후추 0.03g | |

## 준비

- 영지버섯물을 끓여 식혀서 오리를 담가 놓는다.
- 잣가루, 당근, 양파, 양배추, 파, 마늘과 다진인절미에 간장, 양파청, 소금, 후추, 참기름 양념장을 만든다.
- 황도는 반달로 2쪽으로 준비해 둔다.

## 조리

1. 영지버섯물에서 건진 오리는 다짐육하여 양념장과 다진 채소, 인절미를 넣고 반죽한다.
2. 잘 치대어 둥글넓적하게 오리표피에 모양을 빚어 프라이팬에 식용유를 두르고 굽는다.
3. 반달형 황도는 프라이팬에 구워, 잘익은 떡갈비 위에 고명으로 얹어 완성한다.

알 아 두 기

오리를 영지 삶은 물에 담가 사용하면 오리의 잡내를 제거할 수 있다.

# 인삼도토리묵국수

夏

체내 중금속을 배출해주는 효과와 혈액을 맑게 해주며 피를 멎게 하는 지혈작용을 하고, 지방흡수를 억제하여 다이어트에 탁월하다.

## 재료

| | | | |
|---|---|---|---|
| 도토리 1kg | 설탕 4g | 배추김치 40g | 간장 0.2g |
| 건삼 20g | 소금 2g | 마늘 0.7g | 참기름 0.7g |
| 소고기 8g | 달걀 40g | 통깨 0.4g | 식용유 0.7g |

## 준비

- 도토리껍질을 벗겨 건조시킨 후 곱게 갈아 물에 담그고, 도토리 전분이 가라앉으면 윗물은 모두 따라버리고 순수한 전분만 남긴다. 가라앉은 전분은 하루에 세 번 물을 갈아주고 2일 정도 담가 놓는다. 건삼은 믹서에 곱게 간다.
- 황·백지단을 부쳐 채를 썰고, 배추김치(0.4×0.4×0.4cm)는 다져서 식용유와 참기름에 볶는다.
- 소고기는 채썰어 마늘, 간장의 양념으로 재워 볶는다.

## 조리

1. 도토리 전분과 인삼 갈은 것을 반죽하여 물 7배를 넣고 풀어서 냄비에 끓인다.
2. 끓어오르면 불을 약불에서 주걱으로 계속 저어 냄비에 누름(타는 것)을 방지한다.(10~15분)
3. 얇은 팬에 완성된 묵을 0.5cm 두께로 부어 굳힌다.
4. ③의 굳어진 도토리묵을 냉풍으로 30분~1시간 정도 꼬들꼬들하게 만든다.
5. 건조된 묵을 0.4×0.4×6cm 크기로 잘라 면을 만들어 뜨거운 물에 토렴시켜, 그릇에 담아 약선 맑은육수를 붓고 볶은 소고기, 다진김치, 황·백지단, 실파, 통깨를 올려 완성한다.

**알 아 두 기**

다진 소고기, 다진 야채(셀러리, 양파, 당근), 건표고, 통후추, 인삼, 대추, 생강, 황기, 달걀, 소주, 국간장을 모두 섞어 반죽하여 약불에서 5시간 이상 끓인 약선맑은육수를 사용한다.

# 약선비빔밥

夏

포만감을 주며 식이섬유가 풍부하고 장운동이 활발하여 소화, 대사작용을 돕고 식재료의 다양한 영양성분이 있어 장수음식으로 꼽힌다.

## 재료

| | | | |
|---|---|---|---|
| 공기밥 300g | 표고버섯 20g | 소고기 30g | 참기름 3g |
| 청포묵 25g | 애호박 12g | 애기순 2g | 진간장 2g |
| 당근 15g | 무 25g | 달걀 60g | 마늘 3g |
| 도라지 20g | 건취나물 7.4g | 깨소금 0.8g | 식용유 5g |

## 준비

- 모든 비빔밥 재료는 0.3×5cm 크기로 썰기 작업을 하고, 애기순은 물에 씻는다.
- 호박, 당근, 무는 소금에 살짝 절인 후 식용유, 참기름에 볶는다.
- 도라지는 소금에 절인 후 물기를 짜서 마늘, 식용유, 참기름에 볶는다.
- 표고, 건취나물은 끓는 물에 데친 후 수분을 짜고 소금으로 간을 맞춘 후 식용유, 참기름에 볶는다.
- 황·백지단은 부쳐서 채썰어 놓고, 청포묵은 끓는 물에 데친 후 소금, 마늘, 참기름으로 무친다.

## 조리

1. 소고기, 청포묵, 표고버섯, 황·백지단, 취나물, 도라지, 당근, 무, 애호박을 돌려서 담는다.
2. 야채를 돌리고 난 후 중앙에 토마토장소스, 참기름, 애기순을 담은 후 완성한다.

### 알 아 두 기

저나트륨 토마토장소스로 외국인의 입맛에도 제격이다. 잘 익은 토마토 40g, 고추장 16g, 건토마토가루 1g, 볶은 우민찌 20g, 꿀 4g, 건홍파프리카 2g, 다시물 26g, 고춧가루 0.8g, 소주 1.2g
저나트륨 토마토장소스 특허 10-1675136

# 민어사물탕

夏

기력회복에 효과적이고 소화기관이 약한 노인, 어린이에게 좋다.
혈관질환 예방 및 뇌의 활동성을 높여 피로를 풀어주는 여름철 보양식으로 이용한다.

## 재료

| 민어 70g | 홍고추 4g | 팽이버섯 5g | 미나리 12g |
|---|---|---|---|
| 당귀 2g | 작약 2g | 콩나물 15g | 소금 1.2g |
| 천궁 2g | 숙지황 1g | 애호박 16g | 후추 0.03g |

## 준비

- 당귀, 천궁, 작약, 숙지황은 물에 30분 담근 후 약재물을 2시간 끓인다.
- 민어는 비닐을 벗기고 3×4×5cm 손질하여 소금을 살짝 뿌려 놓는다.
- 팽이버섯, 콩나물은 거두절미하여 미나리와 흐르는 물에 씻어 채반에 놓는다.
- 애호박은 0.4cm 두께로 반달 모양으로 썬다.

## 조리

1. 약재물을 냄비에 소창으로 거른 후 민어와 10~15분 동안 끓이면서 거품은 건져 버린다.
2. 채썬 홍고추, 미나리, 팽이버섯, 콩나물, 애호박은 소금, 후추로 간한 후 끓여 완성한다.

### 알 아 두 기

약재물을 이용하면 생선의 비린맛을 제거하는데 도움을 준다.

# 전복장

夏

콜레스테롤 수치를 낮춰 혈관을 깨끗하게 하며 혈액순환을 원활하게 하여 혈관질환을 예방한다. 스테미너 보강에 좋으며 어린이, 노약자의 기력보양에 좋다.

## 재료

- 전복 60g
- 간장 25g
- 레몬청 20g
- 식초 10g
- 설탕 10g
- 다시마 1g
- 무 3g
- 정종 5g
- 마늘 1.8g
- 통후추 1g
- 월계수잎 0.06g
- 대파 3g
- 고추씨 1.5g
- 양파 4g
- 소금 3g

## 준비

- 전복은 깨끗이 솔을 이용하여 씻어 정종, 소금으로 10분 동안 재운 후, 내장이 터지지 않도록 조심스럽게 손끝으로 씻어둔다.
- 무, 양파, 마늘, 다시마를 넣고 끓여 거즈에 거른다.
- 달임장(간장, 레몬청, 식초, 설탕, 다시육수, 통후추, 월계수잎, 고추씨, 대파, 양파, 마늘)을 준비한다.

## 조리

1. 전복의 물기를 최소화시킨 후 용기에 담아 누름그릇으로 덮는다.
2. 달임장은 끓여 식힌 후 ①의 용기에 붓는다.
3. 2~3일 정도 지난 후 양념장을 다시 끓여 ②와 같이하여 레몬을 올려 완성한다.

**알 아 두 기**

게우장은 반찬으로도 좋지만, 게우만 따로 곱게 다져 분리하여 참기름과 분쇄통깨, 고운고춧가루를 섞은 비빔밥장으로도 일품이다.

# 씀바귀뿌리나물

夏

식욕촉진, 항염, 항암에 뛰어난 작용을 하고,
콜레스테롤을 저하시키는 효능이 있어 혈관질환 개선에 도움을 준다.

## 재료

| | | | |
|---|---|---|---|
| 씀바귀뿌리 40g | 백태 2g | 올리브오일 3g | 소금 1g |
| 아몬드 2.5g | 흑임자 0.5g | 참기름 0.5g | 쌀뜨물 100g |

## 준비

- 씀바귀뿌리는 흙이 많으므로 흐르는 물에 여러 번 씻는다.
- 아몬드와 백태는 물에 담가 반나절 동안 불리고, 불린 백태는 삶는다.

## 조리

1. 깨끗이 손질한 씀바귀뿌리는 쌀뜨물에  3~4시간 동안 담가 놓는다.
2. 아몬드와 삶은 백태는 올리브오일을 넣고, 소량의 백태 삶은 물을 첨가하여 믹서에 곱게 간다.
3. ①을 거즈로 물기를 짜고 ②를 넣어 소금간하여 참기름과 버무려 흑임자를 뿌리고 완성한다.

### 알 아 두 기

씀바귀뿌리는 식욕촉진제 역할을 하고, 씁쓸하고 쌉쌀한 맛은 아몬드와 콩으로 양념하여
고소한 맛을 내기 때문에 어린이에게도 적합하다.

# 고구마깍두기

夏

식물성섬유질의 콜레스테롤을 배출하는 능력이 뛰어나고 대변활동을 원활하게 돕기 때문에 변비예방에 좋고, 폐질환을 예방하는데 효과가 있다.

## 재료

고구마 60g
고구마줄기 15g
고춧가루 1.2g
홍파프리카가루 1g

토마토 4g
설탕 1.4g
양파 1.6g
무 1g

마늘 1g
생강 0.4g
멸치액젓 0.5g
소금 0.2g

찹쌀풀 4g
토마토가루 1.2g
통깨 0.1g

## 준비

- 고구마는 깨끗이 씻어 껍질을 벗겨 1.5×1.5×1.5cm로 채썬 후, 15초 동안 끓는 물에 데친다.
- 줄기는 껍질을 벗겨 2~2.5cm 크기로 자르고 소금에 10분 동안 절인다.
- 무, 양파, 마늘, 생강, 토마토는 곱게 갈고 고춧가루, 홍파프리카가루, 토마토가루, 설탕, 멸치액젓, 소금, 찹쌀풀을 그릇에 반죽하여 양념장을 만든다.

## 조리

1. 데친 고구마와 줄기는 채반에 받쳐 물기를 뺀다.
2. 그릇에 양념장을 버무려서 ①을 넣고, 간이 잘 배도록 조물조물 무쳐준다.
3. 그릇에 ②를 담고 고명으로 통깨를 뿌려 완성한다.

### 알 아 두 기

고구마는 살짝 데쳐주므로 생고구마보다 부드럽고 달달하다.

# 율무수단

현대인의 비만, 지방간 예방에 좋고, 뭉친 근육을 풀어주며
열을 내려 염증을 가라앉히고 피부탄력을 가꾸어준다.

## 재료

| | | | |
|---|---|---|---|
| 율무 7g | 오미자청 8g | 건오미자 5g | 생수 400g |
| 녹말 5g | 꿀 0.8g | 소금 0.02g | |

## 준비

- 건오미자는 하루 전날 생수에 불려 오미자물을 만들어 놓는다.
- 율무는 씻어서 물에 30~40분 정도 담근 후 끓는 물에서 20~30분간 삶아 놓는다.

## 조리

1. 익힌 율무는 거즈에 물기를 닦아 녹말가루 옷을 입히고 끓는 물에 익혀서 찬물에 식힌다.
2. ①에 녹말가루 옷을 입혀 끓는 물에 익히는 과정을 3번 반복하여 율무 안이 투명하게 보이도록 한다.
3. 익힌 율무와 오미자물과 오미자청, 꿀, 소금으로 간하여 완성한다.

### 알 아 두 기

약간의 소금을 첨가하여 단맛을 상승시킨다.

# 음양곽미강죽

秋

신경쇠약과 건망증, 치매증상, 신장계통 및
양기부족, 비뇨장애에 좋고 기력회복에 도움을 준다.

## 재료

| | | | |
|---|---|---|---|
| 미강 60g | 우민찌 5g | 올리브오일 15g | 소금 1.3g |
| 음양곽잎 2g | 생수 700g | 참기름 1g | |

## 준비

- 음양곽잎은 깨끗하게 씻어 생수 700g을 넣고, 8~10분 동안 끓인 후 거즈에 거른다.
- 미강을 건조시켜 가루로 분쇄한다.

## 조리

1. 건조된 미강가루와 참기름을 넣어 2~3분 정도 볶고, 걸러 놓은 음양곽 물을 넣어 15분 동안 끓인다.
2. 미강가루 입자가 곱기 때문에 누름 방지를 위해 자주 저어주며 거품, 불순물을 거두어낸다.
3. 끓인 미강죽에 고명으로 참기름에 볶은 우민찌를 올려 완성한다.

**알 아 두 기**

음양곽은 "삼지구엽초"라고도 부른다.

# 산수유나박김치

秋

단맛과 떫고 강한 신맛에 혈당을 낮추며 손발이 찬 냉증을 개선하고,
피로회복과 특히 생리기능을 강화시킨다.

## 재료

생수 150g
건산수유 6g
무 8g
배즙 5g
대파 1.5g
미나리 3g
오이 2g
당근 2.5g
배추 5g
밤 3g
소금 4g
멸치액젓 1g
마늘 2.5g
생강 0.6g
양파청 0.5g

## 준비

- 건산수유는 깨끗한 생수에 12시간 이상 우려낸다.
- 무, 오이, 당근, 배추, 밤, 미나리, 대파는 1.2×1.2cm로 썰어 소금에 15~20분 정도 살짝 재워 준비한다.

## 조리

1. 살짝 절인 야채는 채반에 최대한 물기를 빼 놓는다.
2. 우려낸 산수유물에 ①을 섞어 다진마늘, 생강, 양파청, 멸치액젓, 배즙, 소금을 넣어 하루 동안 숙성시켜 완성한다.

### 알 아 두 기

물김치는 물 100 : 야채 20 : 소금 1.5 : 멸치액젓 0.5의 기본틀에, 재료에 따라 변화를 주면 좋다.

# 밀쌈

秋

피부탄력과 항암작용, 다이어트에 도움을 준다.

## 재료

밀가루 15g
생수 30g
소고기 20g
당근 8g
애호박 10g
표고 5g

마늘 1g
달걀 60g
소금 0.5g
참기름 1g
식용유 5g
간장 0.01g

〈겨자소스〉
볶은캐슈넛 15g
갠겨자 8g
식초 10g
설탕 10g

소금 0.1g
생수 20g
레몬 1g
마늘 0.1g

## 준비

- 밀가루, 생수, 소금으로 반죽하여 거즈에 거르고 주사기를 이용하여 그물망 밀전병을 만든다.
- 소고기, 마늘, 간장, 참기름을 넣어 볶는다.
- 당근, 애호박, 표고는 0.2×0.2×5cm로 썬 후 팬에 볶다가 소금으로 간한다.
- 달걀은 황·백지단을 부쳐 채소와 동일하게 자른다.

## 조리

1. 밀가루 반죽은 팬에 그물 모양으로 부친다.
2. 그물망 밀전병을 식은 상태로 펼친 후 볶은 재료 소고기, 당근, 애호박, 표고를 조심스럽게 김밥 싸듯이 둥글게 만다.
3. ②를 2cm 길이로 자르고, 접시에 담아 겨자소스를 뿌려 완성한다.

**알 아 두 기**

그물망 밀쌈은 기존의 밀가루 전병의 밀가루 양을 감소시켜 다이어트에 도움을 준다.

# 표고청국장전

장내 환경을 개선해줌으로써 대장질환 예방을 도와주고 소화작용에 좋으며 혈관, 소화기를 튼튼하게 하고 항암작용을 돕는다.

## 재료

| | | | |
|---|---|---|---|
| 건표고(중) 2개 | 우민찌 6g | 달걀 30g | 식용유 2g |
| 청국장 30g | 콩가루 3g | 소금 0.06g | |

## 준비

- 건표고는 살짝 물을 뿌려 수분을 흡수하게 둔다.(물에 담그면 건표고의 영양성분이 빠져나가는 것을 방지)
- 청국장도 먹기 좋게 설렁설렁 다진다.

## 조리

1. 수분이 흡수되어 불려진 표고의 밑동을 가위로 도려낸다.
2. 표고 안쪽에 콩가루를 묻혀 다져 놓은 청국장과 우민찌를 소금 간하고 반죽하여 넣는다.
3. 콩가루(고소함)를 묻혀 달걀물을 입힌 후 팬에 노릇노릇하게 지진다.

**알 아 두 기**

청국장 띄우기 : 24시간 백태를 불린 후 은근한 불에서 5~6시간 정도 삶아, 연한 갈색이 되면 대나무 채반에 받쳐 지푸라기를 군데군데 꽂아 헝겊천으로 덮어 45±2℃ 온도에 맞추어 3~4일이 지나면 끈적한 액(바실러스균)이 형성되면서 완성된다.

# 장어박오가리구이

秋

고단백이 많이 함유되어 신진대사를 촉진하고 에너지 공급효과가 크므로 식욕증진, 피부를 윤택하게 해준다. 스테미너식으로 원기회복에 으뜸이다.

## 재료

장어 120g
박오가리 25g
우민찌 20g
양파 3g
마늘 0.06g
밀가루 0.08g
생강 2g
소금 1g

후추 0.02g
정종 0.05g
식용유 10g

〈장어데리야끼소스〉
구운장어뼈 400g
생수 4,000g
물엿 200g
설탕 300g
간장 500g
소주 100g
건뿌리대파 80g
고추씨 10g
통후추 3g
맥문동 15g
두충 5g
월계수잎 3장
감초 5g
계피 5g
양파 40g

* 약불에 3~4시간 끓임

## 준비

- 뼈를 깨끗이 손질하여 바른 장어는 등에 가로세로 칼집을 넣고 장어데리야끼소스를 약하게 2~3번 바른 후 찜통에 5~8분 동안 찐다.
- 우민찌는 양파, 다진마늘, 소금, 후추를 넣어 반죽을 해 놓는다.
- 박오가리는 물에 30분 불려서 준비한다.
- 양파, 생강을 곱게 채썰어 물에 담근다.

## 조리

1. 찐 장어 등쪽으로 반죽한 고기를 밀가루에 묻혀 펼쳐 놓는다.
2. 불린 박오가리에 ①의 장어를 말아 팬에 식용유를 두르고 구워 익힌다.
3. 구운 장어 위에 물에서 건진 양파, 생강채를 올려 완성한다.

알 아 두 기

장어데리야끼소스는 볶음밥, 면요리 소스로 사용해도 건강식으로 훌륭하다.

# 고구마옹심이

秋

소화기능이 약한 사람에게 소화력을 높여주며 식이섬유가 풍부하여 나트륨, 노폐물을 배출하는 효과가 있고 대장암 예방에 좋다.

## 재료

| | | | |
|---|---|---|---|
| 고구마 200g | 애호박 25g | 양파 3g | 간장 9g |
| 마 80g | 구운멸치 15g | 마늘 2g | 정종 0.8g |
| 건새우 3g | 다시마 2g | 소금 5g | |

## 준비

- 고구마를 깨끗이 씻어 껍질을 벗기고 강판에 갈아 거즈에 거른 후, 힘껏 짜서 건더기와 즙으로 분리해서 20~30분 정도 경과 후 즙 위의 물만 따라버리고 고구마 전분만 추출한다.
- 건새우, 구운멸치, 다시마, 양파, 마늘을 넣고 10분 동안 육수를 끓여 정종을 넣은 후 거즈에 거른다.
- 마는 믹서에 곱게 갈아 놓는다.

## 조리

1. 고구마 건더기와 곱게 갈은 마, 고구마 전분은 소금으로 간하여 반죽하고 1cm 정도의 완자 모양으로 빚는다.
2. 거즈에 거른 육수가 끓으면 ①을 넣고 5~7분 정도 끓이며, 불순물을 제거한 후 소금, 간장으로 간하고 애호박을 채썰어 고명으로 올려 완성한다.

알 아 두 기

감자옹심이보다 고구마옹심이는 고소한 맛이 더 강하다.

# 자연송이밥

秋

기관지를 편하게 하고 항암작용과 혈중콜레스테롤을 내려주며 당뇨치료, 위장질환에 좋다. 섬유질이 풍부하여 변비예방과 특히 항암작용이 뛰어나다.

## 재료

백미 55g 자연송이 30g 솔잎 20g

## 준비

- 백미을 씻어 30분 이상 불려 놓는다.
- 자연송이는 나무젓가락으로 손질하여 세로결대로 0.2cm 크기로 손으로 뜯어 놓는다. 솔잎은 1% 식초물에 10분 담가 흐르는 물에 세척하여 채반에서 수분을 없앤다.

## 조리

1. 백미는 밥솥에 넣어 밥을 짓는데, 뜸들일 때쯤 밥 위에 솔잎, 뜯어 놓은 자연송이를 넣어 밥을 짓는다.
2. 완성된 밥의 솔잎을 거두어 내고 자연송이와 밥을 골고루 섞어 자연송이밥을 완성한다.

**알 아 두 기**

송이 끓인물 1 : 간장 1 : 참기름 0.5 : 깨소금 0.1의 비율로 소스를 만들어 밥과 비벼 먹어도 좋다.

# 돼지감자감정

秋

천연인슐린이라 할 만큼 혈당조절 효과가 매우 크므로 당뇨예방에 효과가 있고, 혈액순환을 개선시켜 혈관질환 예방에 탁월하며 다이어트 음식으로도 많이 이용한다.

## 재료

| | | | |
|---|---|---|---|
| 돼지감자 100g | 고춧가루 1.8g | 대파 5g | 소금 0.5g |
| 돼지고기(목심) 60g | 풋고추 7g | 마늘 0.3g | 후추 0.001g |
| 고추장 20g | 애호박 20g | 생강즙 0.1g | |
| 된장 3g | 표고밑동 1kg | 간장 1.5g | |

## 준비

- 돼지감자는 깨끗이 씻어 껍질째 원형으로 썬다.
- 돼지고기는 1.5cm 크기로 깍둑썰기하여 고추장, 마늘, 간장, 된장, 고추가루, 마늘을 넣어 양념하고 10분 재워 놓는다.
- 버섯물은 표고밑동으로 달인 후(물 100 : 표고 5) 준비하고 풋고추, 대파, 애호박을 어슷썰기한다.

## 조리

1. 양념하여 재운 돼지고기는 버섯물을 넣고 10분 동안 끓인다.
2. ①에 돼지감자를 넣고 불순물을 제거한 후 끓으면 대파, 풋고추, 애호박을 넣어 10분 끓여 완성한다.

알 아 두 기

감정은 찌개를 뜻한다.

# 산초 장아찌

秋

해독작용과 통증완화에 도움을 주고
식욕이 부진한 사람에게는 소화력을 높인다.

## 재료

| | | | |
|---|---|---|---|
| 산초 20g | 생수 80g | 식초 5g | 양파 10g |
| 다시마 2g | 간장 10g | 설탕 5g | |

## 준비

- 산초는 향과 맛이 강하므로 뜨거운 물에 30분~1시간 동안 담가 중화시킨다.
- 다시마, 간장, 식초, 설탕, 생수를 넣고 끓여 달임장을 만든다.

## 조리

1. 물에 담근 산초는 채반에 물기가 빠지게 거른다.
2. ①의 수분이 마르면 용기에 끓인 달임장을 붓고 누름그릇을 눌러 놓아 2일 동안 반복하여 끓인 후 완성한다.

**알 아 두 기**

숙성된 산초장아찌의 달임장은 생선이나 육류를 찍어 먹을 때 본즈소스처럼 무즙만 첨가하면
그 대용의 훌륭한 소스가 된다.

# 건가지나물

秋

건조시킨 가지는 비타민 D가 풍부하여 면역력을 강화시키며 혈액순환 촉진, 이뇨작용에 좋고 안토시아닌 색소에 항암효과가 뛰어나다.

## 재료

건가지 15g
식용유 1g
통깨 0.8g
소금 0.2g
소고기(등심) 15g
참기름 0.6g
간장 0.8g
후추 0.02g
홍고추 2g

## 준비

- 건가지는 쌀뜨물(= 밀가루물)에 30분 재운다.
- 등심은 0.4cm 채썰어 소금, 후추, 참기름, 마늘을 넣고 간한다.
- 홍고추는 0.1cm 채썬다.

## 조리

1. 프라이팬에 식용유을 두르고 재운 고기를 넣고 볶는다.
2. 건가지를 건져 찬물에 한 번 헹구어 설렁설렁 짜서 간장과 참기름을 넣고 간하여 ①과 함께 볶는다.
3. 건가지가 부드러워지면 홍고추를 넣고 볶아 통깨를 뿌려 완성한다.

**알 아 두 기**

건나물을 불릴 때 쌀뜨물이나 약한 밀가루물에 재우면 군내를 없앤다.

# 토마토김치

秋

피부보호작용 및 소화작용을 촉진하여 위장기능에 좋으며 모세혈관을 튼튼하게 하여 혈압을 내리는 역할을 한다. 칼륨이 풍부하여 항산화작용을 잘한다.

## 재료

배추 150g
잘익은토마토 20.5g
토마토가루 0.6
파프리카가루 0.4g
고춧가루 0.3g
양파청 1g
양파즙 0.4g
무즙 2.5g
마늘 0.4g
생강  0.2g
멸치액젓 0.2g
실탕 0..6g
소금 0.5g
찹쌀풀 2.0g

## 준비

- 물 100, 소금 20의 소금물에 배추는 소금을 뿌려준 후 절이고, 가끔 뒤집어(2~3회) 주며 6~7시간 후 흐르는 물에 2~3번 씻어 배추 속이 아래로 보도록 채반에 널어 물기를 뺀다.(2시간)
- 잘익은 토마토는 끓는 물에 데친 후 껍질을 벗기고 믹서에 갈아 찹쌀과 함께 끓여 식힌다.
- 토마토가루, 고춧가루, 양파청, 양파즙, 무즙, 마늘, 생강, 설탕, 소금을 혼합하여 양념장을 만든다.

## 조리

1. 토마토 찹쌀풀과 양념장을 섞어 배추 양념장을 만든다.
2. 배추의 줄기 부분부터 ①의 양념을 넣고, 잎 부분은 약하게 양념을 넣어 잘 버무려 완성한다.
3. ②를 용기에 담은 후 배추 덧잎으로 공기를 차단하여 하루 정도 실온에서 익혀 사용한다.

**알 아 두 기**

토마토김치 특허 10-1484456 : 저나트륨용 건강식 토마토김치로 일반김치는 염도 2.0인데, 토마토김치는 1.0 정도이다.

# 꾸지뽕화채

秋

플라보노이드계 성분이 함유된 열매로 피부미용 및 소화작용에 좋고 자양강장으로 이용하며 혈관질환 예방에 탁월하다.

## 재료

꾸지봉 40g　꾸지봉잎 2잎　생수 250g　설탕 20g
꾸지봉청 20g

## 준비

- 꾸지봉은 꼭지를 바짝 자르고, 설탕으로 겉을 문질러 잔털을 제거한 후 깨끗한 물로 씻어준다.
- 꾸지봉잎은 물에 10분 동안 담가 놓는다.

## 조리

1. 생수에 담가 놓은 꾸지봉잎은 15~20분 차로 끓여서 식힌다.
2. 씻어 놓은 꾸지봉은 원형으로 썰어 놓는다.
3. ①+②를 혼합하고 꾸지봉청을 넣어 맛을 낸다.

### 알 아 두 기

꾸지봉청 만들기 : 꾸지봉 100 : 설탕 100 : 소금 0.1
꾸지봉의 꼭지는 바짝 제거해 손질하여 담고(꼭지의 쓴맛) 용기에 잘 혼합하여 90일 정도 밀봉 후 개봉한다.

# 누룽지탕

冬

원기를 회복하고 소화기를 튼튼하게 하며,
소화기 기능이 약한 소아, 노인 식사대용으로 사용한다.

## 재료

누룽지 60g　　닭육수 450g　　소금 0.5g　　식용유 20g

## 준비

- 누룽지를 10분 동안 물에 불린다.

## 조리

1. 불린 누룽지와 닭육수를 넣고 약불에서 은근히 끓인다.
2. 끓어오르는 거품과 불순물을 제거한 후 10~13분 동안 끓인 후 소금으로 간한다.
3. 소량의 누룽지는 기름에 튀긴다.
4. ②를 그릇에 담고, 기름에 튀긴 누룽지를 고명으로 올려 완성한다.

### 알 아 두 기

닭뼈를 물에 담아 불순물을 제거하고, 닭을 오븐 또는 팬에 구워 갈색으로 익힌 후 음양곽, 당근, 양파, 통후추, 마늘을 물에 넣어 2시간 정도 끓인후  육수를 완성하여 거즈에 거른다.

# 레디쉬물김치

冬

피부노화 방지, 혈액순환에 도움을 주어
고혈압 개선과 소화촉진제, 해독기능에 뛰어나다.

## 재료

생수 200g
레디쉬 30g
배 4g
마늘 2g
생강 0.5g
청양고추 2g
대파 0.4g
소금 3.5g
양파청 0.3g
찹쌀풀 1.5g
멸치액젓 0.5g

## 준비

- 레디쉬는 6등분하여 자른 후 소금물에 절인다.
- 배는 강판에 갈아 즙을 내고, 찹쌀가루 1, 물 10을 끓여 풀을 쑨다.

## 조리

1. 절인 레디쉬는 채반에 물기를 뺀다.
2. 배즙, 마늘, 생강, 청양고추는 곱게 갈아 찹쌀풀, 양파청, 소금, 멸치액젓을 넣어 양념장을 만든다.
3. ①+②는 용기에 생수 200g을 혼합하고, 대파는 어슷썰기하여 고명으로 올려 완성한다.

알 아 두 기

레디쉬를 소박이김치로 만들어도 좋다.

# 양삼냉채

저칼로리로 소화흡수력이 빠르고 식욕을 촉진시키며
허약체질에 최고의 자양강장인 음식이다.

## 재료

불린해삼 50g
인삼 30g
산삼배양 0.3g
삼색파프리카 각각 10g
양파 8g
마늘 0.8g
양파청 1g
식초 0.2g
간장 0.8g
식용유 2g
고추기름 0.6g
후추 0.02g
설탕 0.04g

## 준비

- 건해삼은 깨끗이 씻은 후 끓는 물에 넣어 5~10분 동안 끓인다.
- 하루에 3번 정도 끓이고 식히는 과정을 반복하고, 다음날 새로운 물로 교체하여 동일방법으로 3일 동안 반복하여 해삼이 부드러운 식감이 될 정도가 되면 내장(모래)을 깨끗이 손질한다.
- 인삼은 깨끗이 씻어 손질한다.

## 조리

1. 인삼과 해삼은 0.6×4cm 크기로 채썬다.
2. 양파, 삼색파프리카는 0.3×0.6cm 크기로 채썰어 소금, 후추로 간하여 프라이팬에 식용유를 붓고 볶는다.
3. 채썰은 인삼과 해삼은 다진마늘, 양파, 고추기름, 식초, 간장, 설탕, 소금, 후추에 버무린다.
4. 접시에 볶은 ②를 담고, 인삼과 해삼을 담아 산삼배양을 뿌려 완성한다

알 아 두 기
해삼은 불리는 과정에서 기름이 들어가면 해삼이 삭기 때문에 주의한다.

# 녹두연근전

冬

연근은 성질이 따듯하고 맛이 달며 독이 없다.
토한 것을 멎게 하고, 어혈을 풀어준다.

## 재료

연근 50g
녹두 20g
두부 10g
실파 0.7g
양파 3g
돼지고기 10g
달걀 40g
밀가루 2g
식용유 4g
마늘 0.8g
식초 3g
소금 1.2g
후추 0.03g

## 준비

- 흙묻은 연근은 깨끗이 씻어 껍질을 벗겨 연근 가운데를 파내고 0.5cm 원형으로 자른 후 식초물에 담근다.
- 녹두는 하루 전에 불려 되직하게 믹서에 갈아둔다.
- 두부는 칼등으로 다져 놓고, 돼지고기도 다진다.

## 조리

1. 식초물에 담근 연근은 물기를 제거한 후 밀가루를 묻힌다.
2. 녹두, 두부, 돼지고기, 양파, 실파, 마늘, 소금, 후추를 넣어 반죽하여 소를 만든다.
3. 원형 연근 ①에 ②의 속을 채우고 밀가루, 달걀물을 묻힌다.
4. 프라이팬에 앞·뒤로 노릇노릇하게 익혀 완성한다.

알 아 두 기

연근을 원형으로 썰어 속을 파내고 전을 부치면 테두리의 지저분한 부위가 깨끗이 처리되고,
속재료를 다양한 재료를 채워 전을 만든다.

# 돼지삼겹수육

冬

혈관 내 나쁜 콜레스테롤 수치를 낮추어 혈관계질환을 예방하고 허약한 체질에 기를 준다. 피부를 윤택하게 하며 성장기 어린이, 노인의 영양식으로 이용한다.

## 재료

| | | | |
|---|---|---|---|
| 돈삼겹살 120g | 구기자 4g | 구기자청 0.8g | 소금 0.3g |
| 묵은지 30g | 레몬 4g | 새우젓 0.6g | 후추 0.04g |
| 양파 2g | 감자 1.3g | 된장 0.4g | 통깨 0.2g |
| 녹두가루 0.8g | | | |

## 준비

- 손질한 삼겹을 된장, 구기자, 레몬, 소금, 후추와 함께 비닐에 진공 포장한다.
- 묵은지를 다져 놓는다.

## 조리

1. 냄비에 물을 붓고 진공포장한 고기를 넣어 55℃에서 4시간 동안 익힌다.(고기가 부드럽고 육즙 손실이 없다.)
2. ①의 익은 고기를 비닐에서 꺼내어 먹기 좋은 크기로 자른 후, 육즙에 구기자청, 녹두전분, 새우젓, 참기름을 넣어 소스를 만든다.
3. 자른 고기 위에 ②를 올려 소스를 뿌리고 다진 묵은지에 통깨를 올려 담는다.

### 알 아 두 기

진공저온조리법 : 고기를 물에 넣어 삶는 기존 방법보다는, 양념한 고기에 진공하여 55~60℃(단백질 변성과 응고시작점) 물에 익히면 영양, 맛, 향이 그대로 보존되어 질감 역시 부드럽다.

# 백봉령흑임자수제비

冬

위장기능 저항력을 키우고 식욕을 늘리며 소화를 촉진한다.
피부를 곱게 하며 모발건강과 두뇌활동에 효과적이다.

## 재료

중력 200g
생수 130g
백봉령가루 4g
볶은 흑임자가루 8g
애호박 40g
쑥갓 3g
간장 0.6g
소금 4g
후추 0.03g

## 준비

- 생수, 밀가루, 백봉령, 소금으로 반죽을 하여 휴지(숙성)시킨다.
- 멸치육수(p.131 참조)
- 애호박은 반달 모양으로 썬다.
- 흑임자가루는 물에 개어 준비한다.

## 조리

1. 끓는 육수에 수제비 반죽을 손으로 얇게 펴서 띄워 넣는다.
2. 수제비가 알맞게 익으면 물에 개어 놓은 흑임자가루와 썰어 놓은 애호박을 넣고 한소끔 끓여 소금, 후추로 간하여 쑥갓을 올려 완성한다.

### 알 아 두 기

수제비 반죽 시 볶은 흑임자가루를 넣어 수제비를 만들면 매우 고소하고 좋다.

# 곤드레묵밥

冬

음식물소화 흡수가 빠르며 체내지방 흡수를 억제하므로, 다이어트에 탁월하고 지혈작용과 어혈에 효과가 있다.

## 재료

백미 40g
건곤드레 3g
건도토리묵 6g
들기름 0.05g
소금 0.05g

〈비빔양념장〉
간장 10g
참기름 3g
마늘즙 0.5g
고운통깨 0.5g
고춧가루 0.2g

## 준비

- 백미를 깨끗이 씻어 물에 담가 30분 동안 불린다.
- 건도토리묵, 건곤드레나물은 물에 담가 12시간 동안 불린다.

## 조리

1. 불린 곤드레나물은 삶은 후 먹기 좋게 자른 다음 물기를 꽉 짠다.
2. 불린 도토리묵과 들기름, 소금이 골고루 양념이 배이게 무친 다음 살짝 팬에 볶는다.
3. 밥통에 불린 쌀과 물을 붓고 ①과 ②를 넣고 밥을 짓는다.
4. 완성된 밥은 밥과 나물, 묵과 골고루 섞어 밥공기에 담는다.

알 아 두 기

건도토리묵의 쫄깃한 식감이 한층 밥맛을 돋운다.

# 어글탕

冬

만성피부질환에 도움을 주어 피부탄력을 주며 성장기 발육 어린이에게 좋고,
독소해소 및 숙취해소, 노폐물제거, 원기회복에 탁월하다.

## 재료

| | | | |
|---|---|---|---|
| 북어껍질 30g | 실파 1g | 대파 2g | 소금 0.5g |
| 소고기 35g | 홍고추 2g | 참기름 0.01g | 후추 0.01g |
| 두부 10g | 미나리 6g | 밀가루 2g | 월계수잎 1장 |
| 숙주 2g | 콩나물 20g | 달걀 1개 | 황기 3g |
| 정종 0.3g | 무 6g | 국간장 0.8g | 애호박 10g |
| 마늘 0.5g | | | |

## 준비

- 소고기, 무, 대파, 진간장, 황기, 월계수잎을 넣고 500g의 육수를 1시간 동안 끓여 만든다.
- 숙주는 끓는 물에 데치고, 북어껍질은 물에 불려 30분간 칼등으로 비늘을 제거한다.
- 두부를 으깨어 거즈로 물기를 제거한다.
- 소고기 다지고, 숙주, 으깬두부, 마늘, 실파, 소금, 후추, 참기름, 정종으로 반죽하여 소를 만든다.

## 조리

1. 불린 북어껍질은 물기를 제거한 후 칼질을 내어 펼친 후 밀가루를 뿌리고 양념한 소를 빚어 만두처럼 싼다.
2. ①에 양념한 소를 밀가루-달걀물 순으로 묻혀 팬에 전을 부친다.
3. 소고기육수에 ②를 넣고 끓이는데, 이때 거품과 불순물을 제거하고 콩나물, 미나리, 애호박을 넣고 한소끔 끓인 후 간장으로 간하여 홍고추, 실파를 썰어 넣어 완성한다.

### 알 아 두 기

모든 국물 음식은 육수 맛내기에 달려 있다. 육수용 고기는 흐르는 물에 담가 사용하며(핏기는 육수를 탁하게 함) 끓을 때 거품을 수시로 걷어낸다. 푸른색 야채를 넣을 경우 맨 나중에 넣어야 향과 색을 보존한다.

# 새우장

冬

불포화지방산과 타우린이 있어 동맥경화, 골다공증을 예방하고, 새우껍질을 이용하면
키토산이 풍부하여 칼슘이 많고 장으로 담갔을 때 노년기에 필요한 영양소를 더 흡수한다.

## 재료

| | | | |
|---|---|---|---|
| 새우 100g | 양파청 30g | 생강 6g | 감초 2.5g |
| 간장 100g | 소금 0.6g | 설탕 80g | 소주 18g |
| 생수 400g | 고추씨 2.5g | 통후추 0.8g | 레몬 6g |
| 다시마 1g | | | |

## 준비

- 새우는 수염과 다리를 제거한 후 새우등 둘째마디에 요지를 이용하여 내장을 빼고 소금물로 씻은 후 소주, 레몬에 15분 재운다.
- 간장, 생수, 다시마, 양파청, 마늘, 생강, 고추씨, 통후추, 감초, 소주를 30분 동안 끓여 달임장을 만든다.

## 조리

1. 손질한 새우는 채반에 거른 후 용기에 담아 누름그릇으로 눌러준다.
2. 끓인 달임장은 식혀 손질한 새우에 붓고 3일간 숙성시킨다.
3. 냉장에서 5일 동안 숙성시킨 후 사용한다.

### 알 아 두 기

새우는 건진 후 남은 장으로 매운탕을 끓여 간장 대용으로 사용하면 새우의 감칠맛이 더욱 증가한다.

# 셀러리들깨나물

冬

식이섬유 함량이 높아 다이어트에 적합한 약용채소이며,
지혈작용과 체내에 쌓인 독소를 배출하여 위를 튼튼하게 하고 혈압을 내린다.

## 재료

| | | | |
|---|---|---|---|
| 셀러리 90g | 들기름 0.5g | 간장 0.3g | 소금 0.2g |
| 들깨가루 0.8g | 마늘 0.2g | | |

## 준비

– 셀러리대에 바람이 들지 않았나 확인한 후, 셀러리줄기 껍질을 벗겨 소금에 살짝 절인다.

## 조리

1. 물에서 건진 셀러리는 0.2cm 두께로 얇게 어슷썬다.
2. 손질한 ①의 셀러리를 팬에 들기름, 마늘을 넣어 볶고 들깨가루와 간장으로 간하여 완성한다.

**알 아 두 기**

셀러리잎은 육류를 익힐 때 향신료로 사용하고, 연한 잎은 고기구이의 쌈으로도 활용한다.

# 애기양배추김치

冬

위장의 속쓰림이나 염증, 소화작용을 잘하고 체내 노폐물 분해로 혈전생성을 억제시키고 혈관질환 예방에 탁월하다.

## 재료

| | | | |
|---|---|---|---|
| 애기양배추 100g | 무 8g | 양파청 0.7g | 마늘 0.8g |
| 부추 5g | 우엉 3g | 멸치젓 0.6g | 소금 0.7g |
| 당근 7g | 표고버섯 2g | 고춧가루 1g | 찹쌀풀 0.5g |

## 준비

- 애기양배추 밑동을 자르고 열십자 모양(+)을 낸 후, 5%의 소금물에 20~30분간 절인 후 물에 헹구어 채반에 물이 빠지도록 해 놓는다.
- 부추, 당근, 무, 우엉, 표고는 0.4×0.4cm 크기로 썰어 15분 동안 소금에 살짝 절인다.

## 조리

1. 양념장(부추, 당근, 무, 우엉, 표고, 양파청, 멸치젓, 고춧가루, 마늘, 찹쌀풀)을 버무린다.
2. 물을 뺀 절인 애기양배추(+)에 ①을 적당히 채워 완성한다.

### 알 아 두 기

우엉의 아삭함과 표고향의 깊은 맛으로 또다른 감칠맛을 낸다.

# 모과송이차

冬

가래, 기침을 해소하고 피부미용, 혈당을 내려 당뇨예방 및 면역력 증가에 효과가 있고 소화를 촉진시켜 기관지, 폐를 보호하며 감기예방에 탁월하다.

## 재료

모과 20g 자연송이 4g 설탕 20g 소금 0.02g

## 준비

- 모과는 물에 씻어 4×4cm로 자른 후 모과, 설탕, 소금으로 골고루 섞어 모과청을 만든다.

## 조리

1. 모과청이 90일 정도 지나면 소창에 거른다.
2. 자연송이는 나무젓가락으로 밑동 부분의 흙을 제거하여 손질하고 0.2mm로 썰어 건조시킨다.
3. 물 100 : 모과청 20의 비율로 끓인 후, 컵에 부어 ②의 건조된 자연송이를 띄워 완성한다.

### 알 아 두 기

신맛의 모과는 자연송이를 넣어 중화시키고, 부드러운 맛과 향의 모과 자연송이차로 이용한다.

# 참고문헌


경희대학교 출판국. 한방식이요법학.

김달래. 체질따라 약이 되는 음식, 중앙생활사.

김미리. 현대인의 음식보감, 효문사.

농림축산식품부. 한국약선음식 재료의 항산화 및 면역강화 기능성 비교연구와 이를 이용한 한식 상차림 메뉴개발.

박종철. 식약처가 공인한 식품약초한약백과, 푸른행복.

박종철. 약초한약대백과, 푸른행복.

박종철. 중국 약용식물과 한약, 푸른행복.

세계중탕약선연구소. 약선식품동의보감.

신재용. 신재용의 음식궁합 1, 2편, 북플러스.

엄용태. 약초약재 300 동의보감, 중앙생활사.

이시진. 본초강목대백과, 꿈이있는집플러스.

정지천. 명의가 가르쳐주는 약이 되는 생명의 음식, 중앙생활사.

천병수. 산약초 법제와 효능, 유한문화사.

한국사전연구사. 식품재료사전, 한국식품영양학회 감수.

허봉수. 약이 되는 체질밥상, 한문화.